Le Dico de Philosophie

Bertrand Vergely

LES DICOS ESSENTIELS MILAN

DICO DE PHILOSOPHIE

MODE D'EMPLOI

Un dictionnaire agréable à lire, pratique à consulter, aux entrées et renvois multiples, avec des illustrations, des infographies et de l'hypertexte pour approfondir. Un outil de travail indispensable afin de découvrir ou simplement de s'informer sur ce qu'il est convenu d'appeler l'« amour de la sagesse ».

CAUSE 58

Le positivisme
Au XIXe siècle, le positivisme s'est donné pour but de substituer une description scientifique de la réalité à une explication métaphysique de celle-ci. À l'explication par des causes, dira Auguste Comte, il convient de substituer la description par les lois.

Cause ▲
En étant à l'origine* de sa production, une cause de quelque chose fait être cette chose*. Pour Aristote*, il existe une cause première qui est fondement* de ce qui est. La réalité* en est le témoignage. Si rien ne faisait être ce qui est, il n'y aurait pas de réel. Rien n'est pas hasard*. Tout a quatre causes. Une cause matérielle, une cause formelle, une cause efficiente et une cause finale pour produire la réalité d'une chose, son idée*, son origine et son but. Pour Hume*, en revanche, la notion de cause est une illusion*. Car comment pouvons-nous prétendre connaître ce qui fait être la réalité ? L'ordre* que nous voyons dans les choses n'est qu'un ordre possible parmi d'autres qui existent peut-être. Aussi faut-il, selon lui, débarrasser la philosophie* du discours sur les causes. C'est l'homme, et non la cause première, qui est la clé de la Nature*.

Certitude
La certitude est une vérité* subjective et non pas objective. Alors que le savant a des preuves*, l'homme a des certitudes. La certitude est souvent condamnée car on la confond avec une idée* arrêtée. Descartes*, le père du rationalisme* moderne, a fait remarquer qu'au contraire la certitude est le critère même de la vérité. Car une chose* devient vraie quand celui qui la dit est certain de ce qu'il dit, parce qu'il a fait de cette vérité non plus une vérité extérieure qui ne le concerne pas, mais une vérité intérieure qu'il peut vivre.

Chose
La chose (*res* en latin) désigne ce qui fait le caractère propre de la réalité*, indépendamment de l'esprit*

Un repérage facile des entrées, classées alphabétiquement en haut de la double page.

Une lecture à plusieurs niveaux : certaines entrées, plus complexes, sont signalées par un ▲, et peuvent être omises lors d'une première lecture.

Les mots suivis d'un astérisque (*) renvoient vers d'autres définitions. Ce renvoi est conseillé.

Chaque entrée, repérée en couleur est définie sur quelques lignes.

De l'hypertexte, sous forme de brèves, de notes, de citations, d'encadrés, permet de détailler un élément particulier de la définition ou de la compléter.

Sommaire

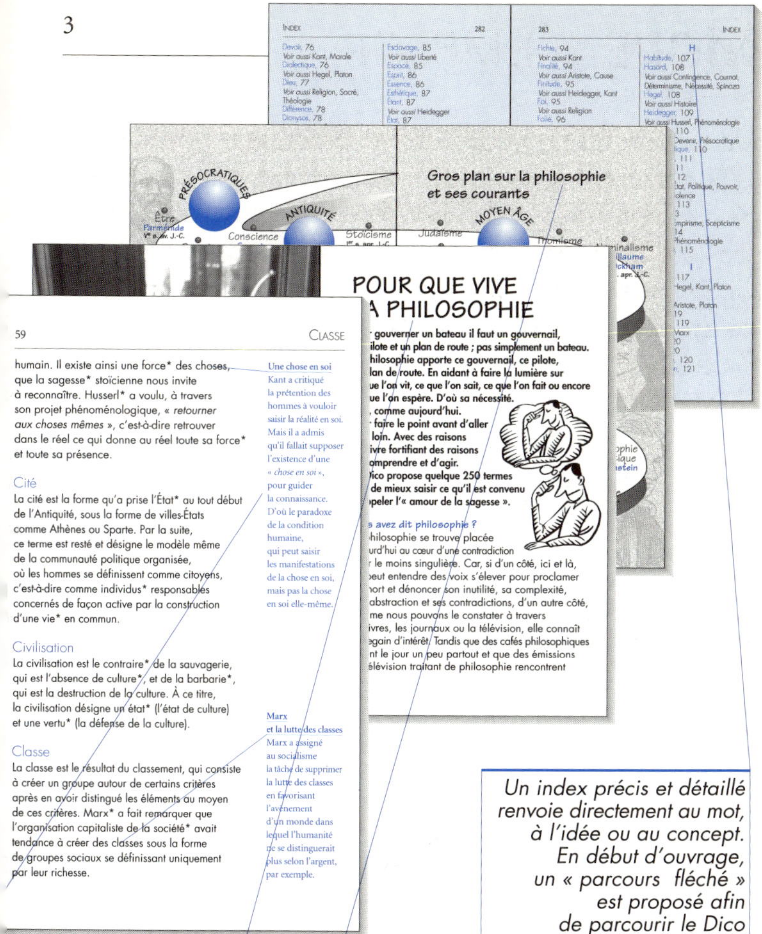
Gros plan sur la philosophie et ses courants

59 CLASSE

humain. Il existe ainsi une force* des choses, que la sagesse* stoïcienne nous invite à reconnaître. Husserl* a voulu, à travers son projet phénoménologique, « *retourner aux choses mêmes* », c'est-à-dire retrouver dans le réel ce qui donne au réel toute sa force* et toute sa présence.

Une chose en soi
Kant a critiqué la prétention des hommes à vouloir saisir la réalité en soi. Mais il a admis qu'il fallait supposer l'existence d'une « *chose en soi* », pour guider la connaissance. D'où le paradoxe de la condition humaine, qui peut saisir les manifestations de la chose en soi, mais pas la chose en soi elle-même.

Cité
La cité est la forme qu'a prise l'État* au tout début de l'Antiquité, sous la forme de villes-États comme Athènes ou Sparte. Par la suite, ce terme est resté et désigne le modèle même de la communauté politique organisée, où les hommes se définissent comme citoyens, c'est-à-dire comme individus* responsables concernés de façon active par la construction d'une vie* en commun.

Civilisation
La civilisation est le contraire* de la sauvagerie, qui est l'absence de culture*, et de la barbarie*, qui est la destruction de la culture. À ce titre, la civilisation désigne un état* (l'état de culture) et une vertu* (la défense de la culture).

Classe
La classe est le résultat du classement, qui consiste à créer un groupe autour de certains critères après en avoir distingué les éléments au moyen de ces critères. Marx* a fait remarquer que l'organisation capitaliste de la société* avait tendance à créer des classes sous la forme de groupes sociaux se définissant uniquement par leur richesse.

Marx et la lutte des classes
Marx a assigné au socialisme la tâche de supprimer la lutte des classes en favorisant l'avènement d'un monde dans lequel l'humanité ne se distinguerait plus selon l'argent, par exemple.

Un index précis et détaillé renvoie directement au mot, à l'idée ou au concept. En début d'ouvrage, un « parcours fléché » est proposé afin de parcourir le Dico en moins d'une demi-heure et d'avoir une vision d'ensemble du sujet.

L'introduction du Dico constitue une vue d'ensemble du sujet traité et en donne l'essentiel.

Sur une double page, des infographies récapitulent et précisent des points abordés dans le Dico. L'image remplace alors définition et description.

MERLEAU-PONTY
phénoménologie
de la perception

POUR QUE VIVE LA PHILOSOPHIE

Pour gouverner un bateau il faut un gouvernail, un pilote et un plan de route ; pas simplement un bateau. La philosophie apporte ce gouvernail, ce pilote, ce plan de route. En aidant à faire la lumière sur ce que l'on vit, ce que l'on sait, ce que l'on fait ou encore ce que l'on espère. D'où sa nécessité. Hier, comme aujourd'hui. Pour faire le point avant d'aller plus loin. Avec des raisons de vivre fortifiant des raisons de comprendre et d'agir. Ce Dico propose quelque 250 termes afin de mieux saisir ce qu'il est convenu d'appeler l'« amour de la sagesse ».

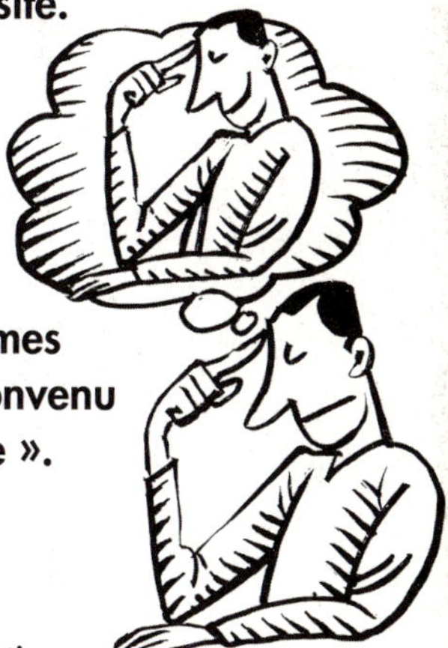

Vous avez dit philosophie ?

La philosophie se trouve placée aujourd'hui au cœur d'une contradiction pour le moins singulière. Car, si d'un côté, ici et là, on peut entendre des voix s'élever pour proclamer sa mort et dénoncer son inutilité, sa complexité, son abstraction et ses contradictions, d'un autre côté, comme nous pouvons le constater à travers les livres, les journaux ou la télévision, elle connaît un regain d'intérêt. Tandis que des cafés philosophiques voient le jour un peu partout et que des émissions de télévision traitant de philosophie rencontrent

un franc succès, des livres renouant avec la recherche de la sagesse ou d'un sens de la vie deviennent de véritables best-sellers. Signe que la philosophie n'est pas morte mais bien vivante. Est-ce à dire que tout va pour le mieux au royaume de la philosophie ? Non. On n'a pas tort de critiquer la philosophie. Les philosophes eux-mêmes s'y sont d'ailleurs largement employés. Mais quand ils l'ont fait, c'était parce qu'ils attendaient quelque chose de la pensée et de la sagesse, et non parce qu'ils n'en attendaient rien. Il convient donc d'être juste. Même si la philosophie n'est pas toujours parfaite, elle demeure une nécessité vitale, comme le montre le fait que, depuis des millénaires, des hommes et des femmes n'ont pas hésité à s'engager sur les voies de la pensée – la vie sans pensée et sans sagesse étant, selon eux, dépourvue de signification et de saveur. Si nul ne saurait contester qu'il nous faut vivre avant de penser (*Primum vivere, deinde philosophare*, « D'abord vivre, ensuite philosopher », disaient les penseurs latins),

l'inverse est cependant vrai. L'homme ne vit pas que de pain. S'il a besoin de survivre, il a aussi besoin de s'accomplir. Et c'est dans la vie avec la pensée qu'il trouve un tel accomplissement.
Aussi, des philosophes contemporains tels qu'André Comte-Sponville (né en 1952) et Luc Ferry (né en 1951) ont-ils raison d'écrire dans l'avant-propos de leur ouvrage *La Sagesse des modernes* : « *La vie est trop brève, trop précieuse, trop difficile, pour qu'on se résigne à la vivre n'importe comment. Et trop intéressante pour qu'on ne prenne pas le temps d'y réfléchir et d'en débattre.* »

Deux manières de vivre possibles !

Il y a, en effet, deux manières de vivre possibles. On peut vivre sans philosophie. En se laissant vivre paresseusement. Ou bien en travaillant à son confort matériel. Mais on peut vivre aussi en refusant de se laisser doucement vivre. Et en refusant de faire du confort et de la possession des biens matériels le but de son existence. Les philosophes ont toujours choisi la deuxième voie. Et ils la choisissent encore. Certes, comme tous les hommes, ils ne sont pas insensibles au confort et aux douceurs de la vie. Et il leur arrive, comme à tout un chacun, de goûter dans la paresse une certaine

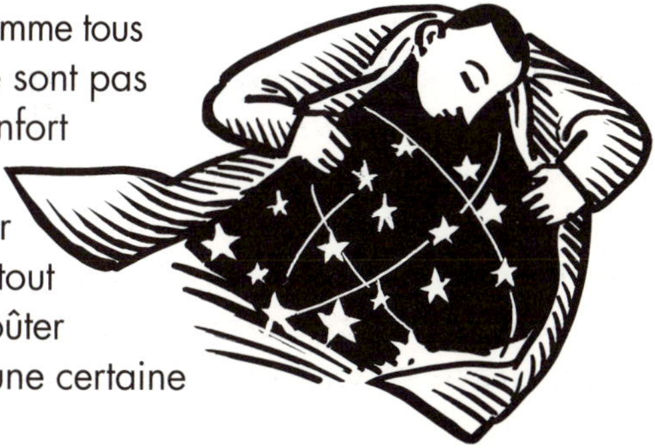

quiétude. Cependant, jamais la paresse ou le confort ne sont chez eux des buts. Car se laisser vivre sans rien faire de sa vie ou vivre pour soi et son confort, sans s'ouvrir à autre chose que soi et son confort, appauvrissent, selon eux, l'existence. « *L'homme passe l'homme* », disait Pascal (1623-1662). L'homme passe par une ouverture. Un dépassement de lui-même. Une élévation de lui-même. Et non par une fermeture. Un repli sur soi. Cette élévation, qui confère à la vie de la grandeur, voire du génie, correspond à ce que l'on entend généralement par le terme d'esprit. *Spiritus* en latin. Esprit. Le sens est le même pour désigner le souffle qui donne à la vie sa respiration. L'homme vit de respirer humainement. Et c'est par l'esprit qu'il s'humanise en accédant à une vie digne de lui. Une vie à hauteur d'homme. Une vie redressée.

Ce que la philosophie veut dire

La philosophie, comme chacun sait, veut dire – étymologiquement – l'amour de la sagesse. Elle est donc, autrement dit, au croisement de l'amour et du savoir. De la passion et de la raison. Ce qui mérite une explication. En effet, il y a deux façons d'aimer, de savoir et de vivre. On peut aimer sans sagesse. En se laissant aller à la passion. À ses excès. D'une façon un peu folle. Un peu irresponsable. On peut aussi pratiquer le savoir sans amour. D'une façon sèche. Mécanique. Ainsi que l'opère un certain rapport

à la raison, pour qui la raison n'est qu'un instrument. Une arme. Un moyen de calcul. D'intérêt. De profit. Un outil stratégique. On peut, autrement dit, vivre sans raison et sans amour. En ayant des passions aveugles et un savoir dur et égoïste. Ou bien on peut vivre autrement. On peut essayer d'apprendre à aimer en ayant des amours qui ne soient pas simplement des passions aveugles, mais des langages et des ouvertures, parce que la raison vient éclairer l'amour. Comme on peut essayer d'avoir un rapport à la raison et au savoir qui ne soit pas dur, calculateur, profiteur, mais profond, lumineux, riche en raisons de vivre et d'agir. On peut, en un mot, vivre avec raison et amour. Dans la lumière et la profondeur. Avec générosité et noblesse. Les « amis de la sagesse » sont ceux qui choisissent la seconde voie.

Ils pensent que des sentiments éclairés valent mieux que des passions aveugles, et qu'un usage de la raison qui ne débouche pas sur des raisons de vivre, mais uniquement sur une raison calculatrice, n'est pas raisonnable. Aussi ne s'accordent-ils pas avec une certaine façon que l'on peut avoir d'aimer, comme avec une certaine façon que l'on peut avoir de savoir. Au Ve siècle av. J.-C., parce qu'il a pensé que l'amour n'est pas la passion aveugle, ni la sagesse un savoir calculateur, parce qu'il a pensé qu'il était possible de réconcilier le sentiment et la raison, Socrate (470-399 av. J.-C.) a entrepris de devenir un « ami de la sagesse ». Et entreprenant ainsi de vivre en amitié

avec la sagesse en la cultivant, il a montré une voie nouvelle. Une nouvelle manière de vivre. La vie avec la pensée.
Une telle vie est-elle possible aujourd'hui ?
Certains en doutent, trouvant le terme de sagesse inadapté à notre époque. La sagesse ne vient-elle pas avec l'âge et l'expérience ? N'est-elle pas, de ce fait, la vertu des anciens plus que celle des jeunes ?
En outre, être sage n'est-ce pas trop accepter le monde et ne plus se révolter ? Ne plus agir, donc, pour faire bouger les choses ? Est-ce encore une vertu active et dynamique ? Aussi paradoxal que cela puisse paraître, il faut répondre oui. Trois fois oui.
On n'est jamais assez sage.
Et il n'est jamais trop tôt pour le devenir.
Car la sagesse, nous préservant d'agir dans la violence et la précipitation, nous protège en nous empêchant d'agir contre nous-mêmes. Et en agissant sagement, on est sûr de vivre d'une façon heureuse. Aussi est-ce Épicure (341-270 av. J.-C.) qui a raison.
Ce qui peut nous rendre heureux étant ce qu'il y a de plus important au monde, rien n'est plus utile que la philosophie.
Il ne faut donc pas remettre à plus tard le temps de philosopher.
Car, s'agissant du bonheur, il n'est jamais trop tôt ni trop tard pour y songer.

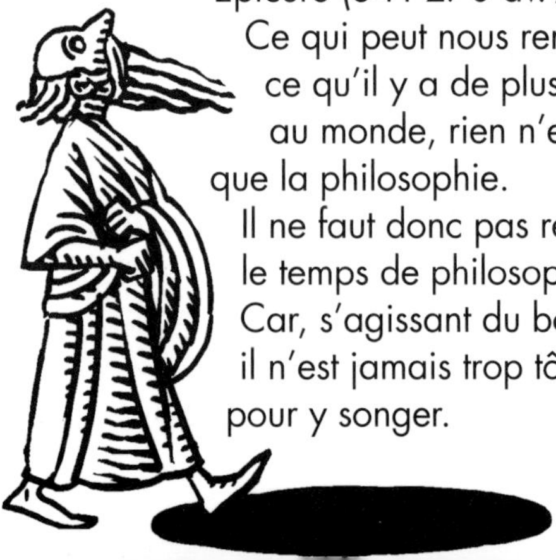

Une inutilité salutaire

Inutile la philosophie ? Nous venons de voir que non. Mais il convient de rajouter ceci : quand on voit à quelle barbarie mène parfois l'utile, félicitons-nous qu'il y ait des choses « inutiles » comme la philosophie. Car si nul ne saurait contester qu'il faut faire des choses utiles dans l'existence, encore ne faut-il pas perdre de vue l'essentiel. L'utile renvoie à ce qui sert autrui. Le fait d'utiliser, à ce qui utilise autre chose ou autrui. De ce fait, s'il est vertueux d'être utile, il ne l'est pas toujours d'utiliser. Si tout doit être utile, tout n'est pas utilisable. Car, quand tout devient utilisable, tout est réduit à l'état d'instrument et de chose. On peut perdre son humanité en se servant des autres comme d'outils ou de choses. En ne voyant partout que le profit que l'on peut en tirer. Heureusement, il existe des domaines comme l'art pour nous apprendre à regarder les choses pour elles-mêmes. Sans chercher à tirer un quelconque profit de celles-ci, à part le plaisir de voir et d'entendre la beauté. Et heureusement qu'il existe des domaines comme la philosophie pour nous apprendre à reconsidérer nos rapports avec le monde, afin d'y redécouvrir une profondeur oubliée. C'est grâce à l'art et à la philosophie que nous évitons de devenir des barbares. Dans notre monde envahi par la technique et le profit, où l'autre n'est souvent qu'un outil, la philosophie est un peu la gardienne de la cité. Certes, elle ne fabrique rien. Mais en évitant qu'on ne détruise, elle permet de conserver ce qui a été fabriqué. Et, en ce sens, elle contribue à l'élaboration du monde.

Une complexité éclairante

Ce qui vaut pour l'utile vaut pour la complication. Oui, la philosophie est compliquée. Non, elle n'est pas facile. Et pour la comprendre, il faut se donner de la peine. Et tant mieux, convient-il de rajouter. Tant mieux qu'il en soit ainsi. Car interrogeons-nous. Pourquoi la philosophie complique-t-elle ainsi les choses ? Par plaisir ? Par incapacité ? Nullement. Simplement parce qu'elle ne peut pas faire autrement. C'est en effet parce que notre réel est trop simpliste, trop facile, trop paresseux qu'il nous faut, pour retrouver un réel riche, dense, vigoureux, opérer un détour. Si l'on avait davantage l'habitude de vivre d'une façon profonde, on ne ressentirait pas la profondeur comme

une complication. Nos difficultés sont à la mesure de notre facilité. Notre peine, à la mesure de notre négligence. En montagne, la joie de contempler les sommets est le résultat, et le couronnement, d'une escalade souvent rude. Dans la vie, il en va de même. La joie de s'élever passe par l'effort. Certes, il n'y a pas de joie de s'élever sans effort. Mais comme il y a la joie au bout de l'effort, la joie fait oublier l'effort. Si bien qu'il ne reste plus que la joie.

Une abstraction bien concrète

On peut en dire autant de l'abstraction.
Oui, la philosophie est abstraite. Et, là encore, tant mieux. Car pourquoi avoir peur de l'abstrait ? Abstraire veut dire extraire, et extraire qu'est-ce, sinon, dans ce qui est, prendre ce qu'il y a de meilleur pour le mettre en valeur ? Si l'on ne pratiquait jamais l'abstraction, on serait

continuellement encombré par une foule de détails et, ne voyant pas l'essentiel, on ne pourrait pas agir. Il faut donc abstraire. Prélever dans le réel ce qu'il peut y avoir d'essentiel. L'abstraction est essentielle pour pouvoir se représenter les choses et, par là, agir. C'est grâce à elle que nous pouvons concevoir des projets. D'où l'utilité des « concepts » – ces outils intellectuels faits pour concevoir – élaborés par la philosophie. Et ce pour nous aider à aller plus vite à l'essentiel. Comment, dans ces conditions, avoir encore peur de l'abstraction ? Comment, au contraire, ne pas souhaiter faire le chemin menant au concept et, par là, à l'essentiel ?

Des contradictions enrichissantes

Les amis de la sagesse, les philosophes en l'occurrence, ont entrepris de suivre le chemin menant à l'essentiel. L'histoire de la philosophie montre cependant que ceux-ci ne se sont pas toujours mis d'accord et que de nombreux conflits sont apparus. Faut-il en conclure pour autant que la philosophie n'est qu'un tissu d'erreurs et de contradictions, comme certains le pensent ? Nullement. Les philosophes se sont critiqués,

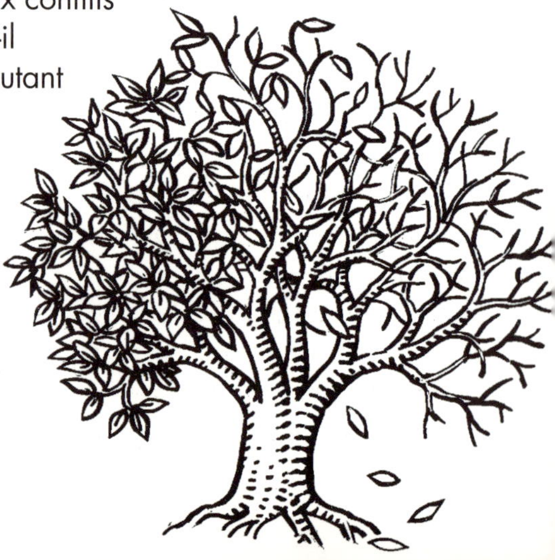

non pas pour se détruire, mais pour s'enrichir et faire apercevoir certains aspects ignorés de la réalité. Quoique opposés, ils ne se sont opposés que parce que, au fond, ils étaient adossés les uns aux autres. En outre, un point les caractérise. Malgré leurs différences, tous les philosophes ont été avant tout des philosophes intéressés… à la philosophie. Tous ont eu en commun la philosophie. Et c'est d'ailleurs parce qu'ils étaient philosophes qu'ils se sont critiqués. S'ils n'avaient pas autant prisé la philosophie, ils ne l'auraient jamais analysée avec autant de rigueur. Et donc critiquée.

De l'utilité d'un dictionnaire

Compte tenu de ces quelques rappels, on peut dès lors entrevoir l'utilité de ce dictionnaire. Pour accéder au réel dans sa profondeur, il faut passer par l'exercice de la pensée et donc de la philosophie. Et pour accéder à la philosophie, il faut passer par le détour des concepts que les philosophes ont élaborés au cours du temps, afin de nous aider à aborder un réel riche mais secret que nous avons tendance à trop simplifier et à trop peu abstraire pour en dégager l'essentiel.
Aussi avons-nous besoin de nous familiariser avec les termes de la philosophie. En apercevant leur sens. En respectant leur diversité, signe d'une vie cachée souvent oubliée.
Si nous nous efforçons de faire un détour par les mots, en donnant un sens au langage, nous en donnerons un au réel, tant il est vrai que le réel passe par le langage du réel. Et donc par le langage. Et nous réconciliant

ainsi avec le réel, nous découvrirons qu'il est possible de nous réconcilier avec les autres et de vivre en harmonie avec eux – les querelles d'hommes étant souvent des querelles de mots, chacun ne donnant pas aux mots la même valeur. Aussi est-il permis de dire qu'user d'un dictionnaire ne relève pas d'un acte anodin. Il y a une éthique du dictionnaire qui relève d'une éthique du langage et de la vie. Quand on respecte la vie, on commence par respecter les mots de la vie, et donc les mots. C'est la raison pour laquelle le grand sage chinois Confucius (v. 551-479 av. J.-C.) répondait toujours à ceux qui venaient le trouver pour apprendre l'art de gouverner les hommes : « *Si tu veux pouvoir un jour gouverner les hommes correctement, commence par faire un dictionnaire.* »

Belle route

sur le chemin

de la philosophie !

PARCOURS FLÉCHÉ

Pour aider le lecteur débutant dans sa lecture du *Dico de la philosophie*, voici un « parcours fléché » qui, en une cinquantaine de définitions regroupées en cinq grands thèmes, propose une vue d'ensemble.

1. Définition de la philosophie
connaissance
pensée
philosophie
sagesse

2. Les moyens de la philosophie
abstraction
concept
conscience
esprit
expérience
idée
intuition
jugement
méthode
pensée
raison

3. Les domaines de la philosophie
art
épistémologie
esthétique
histoire
métaphysique
morale
ontologie
politique
psychologie
science

4. Les courants philosophiques
critique
empirisme
existentialisme
idéalisme
matérialisme
nihilisme
phénoménologie
positivisme
rationalisme
structuralisme (*voir* structure)

5. Les grandes questions philosophiques
amour
beau
bien
bonheur
désir
Dieu
essence
être
existence
liberté
mal
mort
néant
passion
sens
vérité
vertu
vie
violence

LES GRANDES DATES DE LA PHILOSOPHIE

Bien sûr l'histoire de la philosophie ne s'arrête pas en 1913, dernier point de repère de cette brève chronologie. Cependant, au début du XXᵉ siècle, l'essentiel est déja posé.
Aujourd'hui, si la philosophie continue de s'écrire, c'est parce qu'elle puise dans son passé des raisons successives d'« aimer la sagesse ».

VIᵉ siècle av. J.-C.
La Grèce connaît une révolution politique. Sous l'impulsion de sages comme Solon ou Thalès, une cité – Athènes – décide de se diriger selon des lois élaborées rationnellement, et non plus selon la coutume héritée de la tradition. C'est le début d'une vie nouvelle. La vie avec la raison.

576 av. J.-C.
Naissance d'Héraclite. Alors qu'en Grèce existent des « maîtres de vérité » enseignant aux hommes de l'époque à se ressourcer à travers les mythes, en Asie Mineure (l'actuelle Turquie), un penseur comme Héraclite entreprend de se connaître lui-même et de remonter jusqu'au principe de toutes choses (*arche*, en grec).

570 av. J.-C.
D'un bout à l'autre de la Grèce, la philosophie se propage. Naissance de Pythagore. En Sicile, un penseur tel que lui

place le principe de toutes choses, non pas dans les éléments physiques comme le feu ou l'eau, mais dans des abstractions comme le nombre. Il est l'un des premiers à se désigner sous le nom de philosophe.

515 av. J.-C.

Naissance de Parménide. Poursuivant la réflexion de Pythagore, Parménide voit dans la pensée le principe de toutes choses. « *Penser et être sont le même* », écrit-il. À travers la pensée dite « des Éléates » – du nom d'Élée, une ville d'Italie du Sud –, celle de Parménide demeure au fondement de la philosophie.

470 av. J.-C.

Naissance de Socrate. Héritier de tous les grands courants de la pensée antique, Socrate fonde la philosophie occidentale en entreprenant, non seulement de se connaître lui-même, mais de questionner systématiquement le monde.

428 av. J.-C.

Naissance de Platon. Jeune aristocrate, il suit l'enseignement de Socrate, enseignement qu'il recueille et systématise. À sa mort, il fonde sa propre école : l'Académie. Il est le fondateur de l'idéalisme, qui fait des idées le fondement de la réalité.

384 av. J.-C.

Naissance d'Aristote. Ce dernier suit l'enseignement de Platon à l'Académie, avant de fonder sa propre école : le Lycée. À l'idéalisme platonicien, Aristote oppose l'empirisme.

341 av. J.-C.

Naissance d'Épicure. Si la philosophie antique a développé de grands systèmes métaphysiques, elle a aussi développé de grandes morales.
C'est le cas de la morale épicurienne nourrie de la sagesse de Socrate et du matérialisme atomiste de Démocrite d'Abdère (v. 460-v. 370 av. J.-C.).

4 av. J.-C.

Naissance de Sénèque. Si l'Antiquité a été influencée par la morale épicurienne, dite « morale du Jardin » (les épicuriens se réunissaient dans un jardin), fondée sur la recherche du bonheur, elle a aussi été marquée par la morale stoïcienne, dite morale du Portique (les stoïciens se réunissaient sous un portique), fondée sur la quête de la vertu.

5 apr. J.-C.

Naissance de saint Paul. Alors que la philosophie grecque se fondait sur l'étude de la nature, saint Paul, en débarquant en Grèce, apporte le message de la révélation biblique et évangélique. Athènes rencontre Jérusalem.
Une nouvelle époque de la pensée s'annonce, qui va réfléchir sur les rapports entre raison et révélation.

205

Naissance de Plotin. Bien qu'ébranlée par le christianisme, la philosophie antique connaît un dernier éclat avec Plotin, qui propose une nouvelle lecture de Platon.

354
Naissance de saint Augustin. Le monde antique se défait. Il faut sauver la civilisation. Saint Augustin écrit *La Cité de Dieu*, vaste synthèse entre la pensée antique et le christianisme.

412
Naissance de Proclus. Nourri du néoplatonisme de Plotin, Proclus écrit un ouvrage sur le Un, le *Livre des causes*, qui va influencer tout le Moyen Âge – et en particulier le Moyen Âge arabe.

480
Naissance de Boèce. À la fois héritier de la pensée antique et du christianisme, Boèce élabore une œuvre qui va influencer toute la logique ainsi que toute l'éducation médiévales.

500
Naissance de Denys l'Aréopagite (pseudonyme). Chrétien influencé par le néoplatonisme, Denys l'Aréopagite écrit un traité, *La Hiérarchie céleste*, qui va influencer toute la théologie du Moyen Âge.

980
Naissance d'Avicenne (Ibn Sina). À la suite de l'école de Bagdad, Avicenne élabore une vaste synthèse du Coran et de la pensée d'Aristote.

1033
Naissance de saint Anselme. Pour combattre l'athéisme, saint Anselme écrit le *Proslogion*, où il développe une preuve de l'existence de Dieu.

1126

Naissance d'Averroès (Ibn Ruchd). À la synthèse mystique d'Avicenne, Averroès oppose une synthèse s'efforçant de réunir rationnellement le Coran et Aristote.

1135

Naissance de Maïmonide. Alors que l'islam voit se développer toute une réflexion sur les rapports entre le Coran et Aristote, le judaïsme, à travers Maïmonide, se met à réfléchir sur les rapports entre la Bible et Aristote.

1228

Naissance de saint Thomas d'Aquin. Dans la *Somme théologique*, saint Thomas élabore la grande synthèse chrétienne entre le christianisme et Aristote.

1240

Naissance de Moïse de León, le grand compilateur des écrits de la Cabale.

1260

Naissance de Maître Eckhart. Par réaction au rationalisme, Maître Eckhart, dans ses traités et ses sermons, renoue avec la mystique.

1265

Naissance de Dante. La scolastique commence à s'effriter. Aux grands édifices théologiques, Dante oppose une sagesse morale.

1266

Naissance de Duns Scot. En repensant les rapports entre Dieu et l'être, Duns Scot opère un tournant dans la pensée médiévale.

1285
Naissance de Guillaume d'Ockham.
Critiquant les relations entre Dieu et l'être, Guillaume d'Ockham fonde le courant dit « nominaliste ».
Les noms que les hommes donnent aux choses ne font pas saisir les choses, mais seulement leurs représentations.

1401
Naissance de Nicolas de Cuse. La pensée du Moyen Âge touche à sa fin. Un monde nouveau se fait jour. Non plus un monde fini comme le monde décrit par Aristote, mais un monde infini.

1469
Naissance d'Érasme. Avec lui, un nouvel esprit apparaît : l'humanisme, qui met l'homme au centre du monde.
Naissance de Machiavel.
Tandis que l'homme affirme son autonomie, Machiavel montre que la politique peut se passer de la religion pour se fonder.

1533
Naissance de Montaigne. Dans *Les Essais*, Montaigne développe une sagesse humaine fondée sur le doute.

1548
Naissance de Giordano Bruno. En affirmant que la nature est infinie, Giordano Bruno est accusé de panthéisme. On lui reproche, en effet, de diviniser la nature.

1596

Naissance de Descartes. En se fondant sur la conscience, Descartes entreprend de comprendre le monde méthodiquement.
Début du rationalisme moderne.

1623

Naissance de Pascal. Tout en suivant le rationalisme de Descartes, Pascal tente de dépasser celui-ci vers la mystique.

1632

Naissance de Spinoza. Critique à l'égard de l'humanisme cartésien, Spinoza développe dans son *Éthique* un système affirmant que tout est nécessaire, que rien ne vient par hasard.

1637

Publication du *Discours de la méthode* de Descartes.

1641

Publication des *Méditations métaphysiques* de Descartes.

1646

Naissance de Leibniz. Afin de réconcilier l'homme et la nature et de surmonter ainsi le dualisme cartésien, Leibniz fonde un système dans lequel la notion de point de vue est mise au premier plan.
En montrant dans son principal ouvrage, *La Monadologie* (1714), que tout est une question de point de vue, il s'efforce de réconcilier l'individu et le tout.

1651

Hobbes écrit le *Léviathan*. S'inspirant de Descartes, il développe une théorie mécaniste de la vie politique.

1687

Publication des *Principes mathématiques de philosophie naturelle* de Newton. Avec cet ouvrage, Newton porte à son apogée la science classique de la nature dont Galilée avait posé les fondements quelques décennies plus tôt.

1689

Naissance de Montesquieu. Dans *De l'esprit des lois* (1748), Montesquieu jette les fondements de la démocratie moderne à travers sa théorie de la séparation des pouvoirs critiquant le pouvoir absolu.

1713

Naissance de Diderot. Avec le mathématicien et philosophe d'Alembert (1717-1783), Diderot entreprend de faire une encyclopédie de tous les savoirs et de toutes les techniques humaines (1748), afin de soutenir l'œuvre humaine d'une transformation du monde par la raison.

Naissance de Rousseau. Rousseau porte à son apogée la réflexion des Lumières sur la possibilité de fonder un État libre.

1724

Naissance de Kant qui révolutionne la pensée en établissant son projet d'une pensée critique et pratique.

1762

Publication de l'ouvrage *Du contrat social* de Rousseau.

Naissance de Fichte. Fichte porte à sa perfection l'idéalisme subjectif de Kant.

1770

Naissance de Hegel qui oppose le système de l'idéalisme absolu à l'idéalisme subjectif kantien et fichtéen.

1781

Publication de la première édition de la *Critique de la raison pure* de Kant.

1788

Naissance de Schopenhauer. À la philosophie rationaliste mettant l'accent sur la conscience, Schopenhauer oppose la volonté de la nature, première approche de la notion d'inconscient déjà entrevue par les romantiques.

1807

Publication de *La Phénoménologie de l'esprit* de Hegel.

1813

Naissance de Kierkegaard. À Hegel, ainsi qu'à l'idéalisme, Kierkegaard oppose une philosophie de l'existence mettant l'accent sur la subjectivité irréductible de l'homme.

1818

Naissance de Marx. À l'idéalisme de la philosophie, Marx oppose une critique matérialiste mettant au premier plan l'histoire, le jeu des forces économiques ainsi que celui des forces sociales.

1844

Naissance de Nietzsche. Critiquant radicalement la philosophie, Nietzsche propose de revenir à la pensée présocratique et à son approche poétique.

1856

Naissance de Freud. Après Marx et Nietzsche, Freud est le troisième des grands maîtres du soupçon qui sont à la base de la modernité.
Il fonde la psychanalyse afin d'aider à la guérison des maladies psychiques. Avec son concept d'inconscient, il fournit un nouvel éclairage de la culture humaine.

1867

Marx publie le premier tome du *Capital.*

Naissance de Husserl qui fonde un nouveau courant de philosophie : la phénoménologie, qui se propose de retrouver, à travers les notions de présence et de sens, les véritables fondements de la connaissance.

Naissance de Bergson. Critiquant une approche technique du monde, Bergson s'efforce de revenir à une philosophie de la vie.

1884

Naissance de Bachelard. Soucieux de réconcilier la phénoménologie et la science, Bachelard s'efforce de donner un statut rigoureux à l'étude de la science, à travers une discipline nouvelle : l'épistémologie.

1889

Naissance de Wittgenstein. À la suite du cercle de Vienne, Wittgenstein entreprend une critique radicale de la connaissance afin d'éviter que la pensée ne soit victime du langage et de ses illusions.

Naissance de Heidegger. Élève de Husserl, Heidegger poursuit son projet phénoménologique de retourner aux sources vives de la connaissance.
Toutefois, il infléchit le projet husserlien en entreprenant de renouer avec l'antique question de l'être que la philosophie, selon lui, a laissé de côté.

1903

Naissance d'Adorno. Avec Max Horkheimer (1895-1973), Adorno fonde l'école dite de Francfort, qui s'emploie à critiquer la théorie sociale de la modernité ainsi que les mystifications de la société de consommation.

1905

Naissance de Sartre. Profondément influencé par Heidegger et Husserl, Sartre entreprend de fonder un nouvel humanisme au croisement de la phénoménologie et du marxisme, avec le souci de préserver une liberté radicale.

1906

Naissance d'Emmanuel Levinas. Profondément ancré dans la phénoménologie de Husserl, mais critique à l'égard de Heidegger, Levinas place toute sa pensée sous une exigence morale afin de défendre le caractère irréductible de la personne humaine.

1908

Naissance de Merleau-Ponty. Profondément attaché à la phénoménologie, Merleau-Ponty lie son intérêt pour celle-ci à l'étude attentive de la psychologie ainsi qu'à l'étude des comportements et de la question du corps humain.

1913

Naissance de Paul Ricœur. Élève lui aussi de Husserl et de Heidegger, Ricœur place toute sa recherche dans la perspective d'une phénoménologie de la religion, du langage et de la parole poétique.

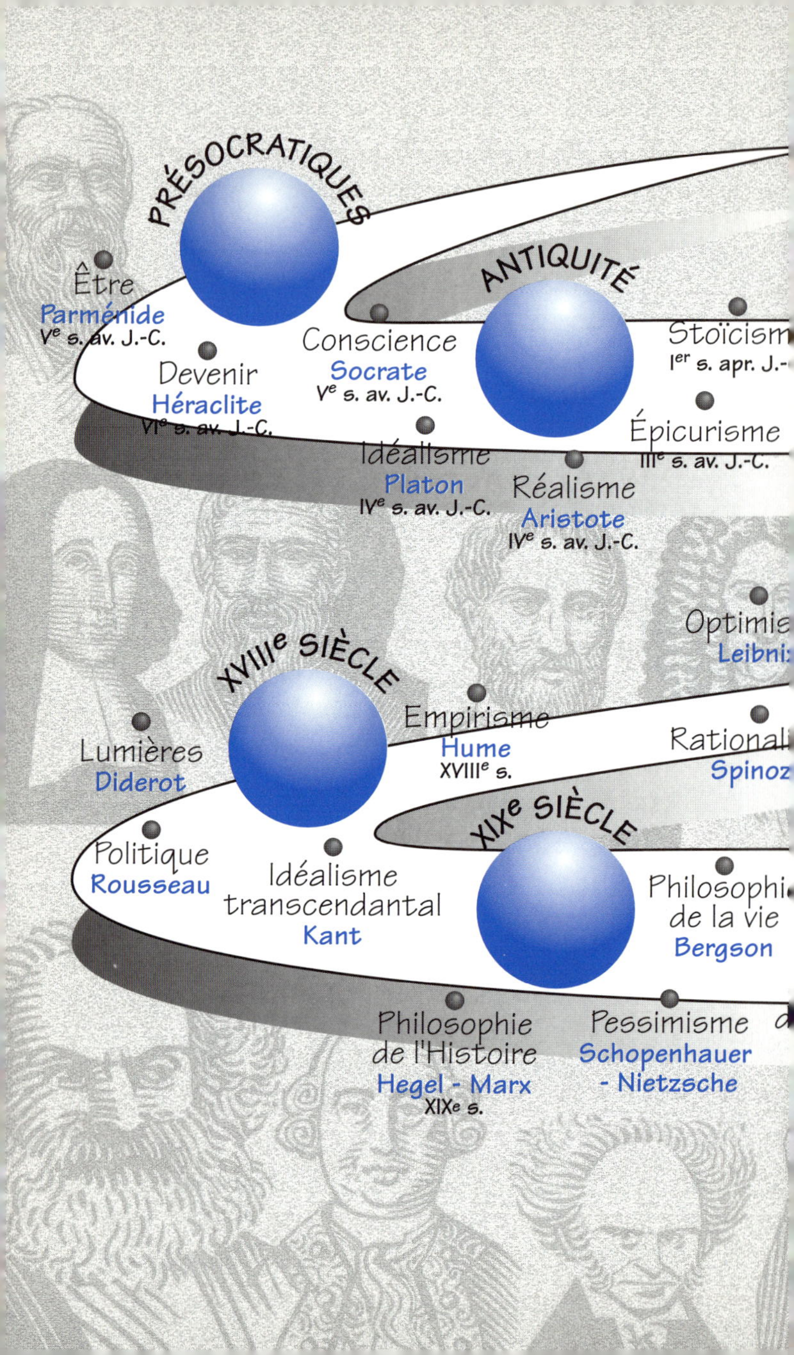
PRÉSOCRATIQUES
Être
Parménide
Ve s. av. J.-C.
Devenir
Héraclite
VIe s. av. J.-C.
ANTIQUITÉ
Conscience
Socrate
Ve s. av. J.-C.
Idéalisme
Platon
IVe s. av. J.-C.
Réalisme
Aristote
IVe s. av. J.-C.
Stoïcism
Ier s. apr. J.-
Épicurisme
IIIe s. av. J.-C.
Optimis
Leibni
XVIIIe SIÈCLE
Lumières
Diderot
Empirisme
Hume
XVIIIe s.
Rationali
Spinoz
Politique
Rousseau
Idéalisme transcendantal
Kant
XIXe SIÈCLE
Philosophi
de la vie
Bergson
Philosophie de l'Histoire
Hegel - Marx
XIXe s.
Pessimisme
Schopenhauer - Nietzsche

Gros plan sur la philosophie et ses courants

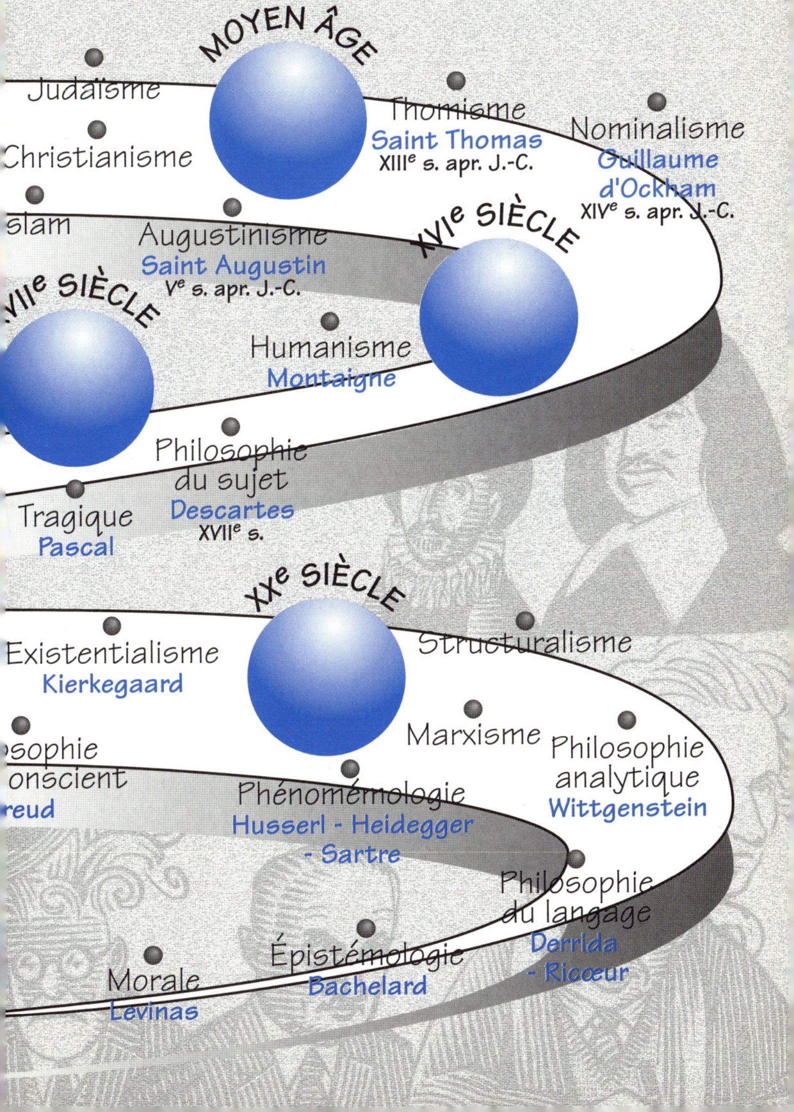

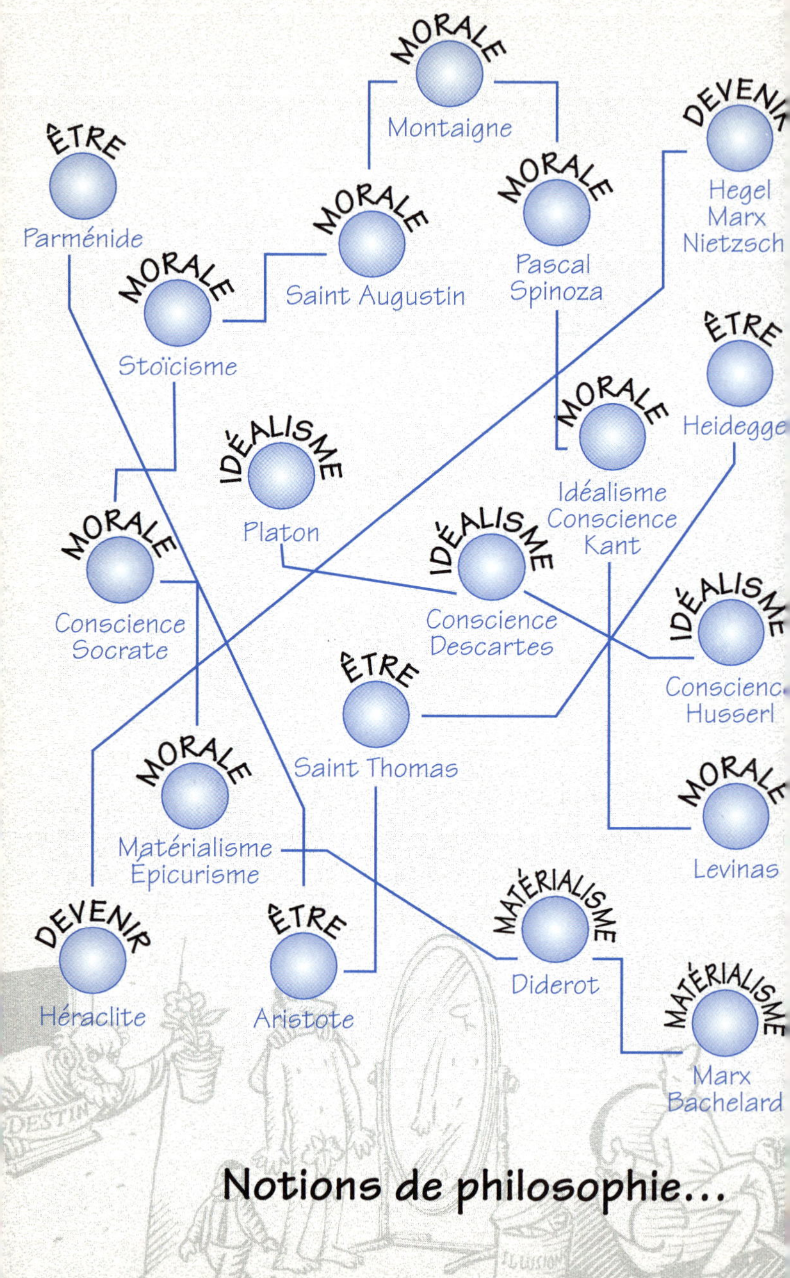

Notions de philosophie…

ÊTRE

Parménide
Aristote
Saint Thomas
Heidegger

DEVENIR

Héraclite
Hegel
Marx
Nietzsche

CONSCIENCE

Socrate
Descartes
Kant
Hegel
Husserl

IDÉALISME

Platon
Descartes
Kant
Hegel
Husserl

MATÉRIALISME

Épicure
Diderot
Marx
Bachelard

MORALE

Socrate
Stoïcisme
Saint Augustin
Montaigne
Pascal
Spinoza
Kant
Nietzsche
Levinas

… et philosophes

Signalétique des définitions

• Les entrées suivies de ce sigle (▲), plus complexes et réservées à un lecteur avancé, peuvent être omises lors d'une première lecture de ce Dico.

• Les mots suivis d'un astérisque (*) renvoient vers d'autres définitions, pour approfondir. Ce renvoi est conseillé.

A

Absolu

L'absolu est le contraire* de ce qui est relatif.
Le relatif étant ce qui est variable, subjectif, éventuel, mais aussi ce qui est relié à, dépendant de, se rapportant à, on en déduit les deux caractères principaux de l'absolu.

1) L'absolu est invariable, identique à lui-même quelles que soient les circonstances.

2) L'absolu est indépendant. Il ne dépend de rien d'autre que de lui-même.

Dieu* est l'exemple même de l'être* absolu dont tout dépend et qui lui-même ne dépend de rien.
La liberté* est un autre exemple de l'absolu.
Elle ne peut pas dépendre – par définition* – de quoi que ce soit d'autre que de la liberté. Ou bien il n'y a plus de liberté.

Abstraction

L'abstrait est le contraire* du concret*. Le concret étant ce qui est réel, mais ce qui est aussi parfois « terre à terre », on en déduit les deux caractères de l'abstrait.

1) Le premier caractère de l'abstrait est négatif.
Est abstrait ce qui est dépourvu de toute réalité*.
Ce qui donne une impression d'irréalité.

2) Le second caractère de l'abstrait est positif.
Abstraire, c'est extraire l'essentiel de l'accessoire.
S'abstraire, c'est prendre de la distance à l'égard d'une réalité trop prenante. En ce sens, l'abstraction est l'acte* même que produit toute pensée*, puisque penser, c'est aller à l'essentiel en prenant du recul par rapport aux choses*, afin d'en saisir la véritable teneur.

Acte

L'acte est une notion centrale dans la philosophie* d'Aristote*. Cette notion désigne trois choses.

1) L'intelligence*. L'intelligence consistant à pouvoir* agir par soi-même en se dirigeant par soi-même grâce à un acte de réflexion.

2) Le vivant par excellence. Le vivant étant ce qui est capable de mouvement et de dynamisme à travers le mouvement.

« C'est en forgeant que l'on devient forgeron. »
La vie pleinement vivante chez Aristote est bien résumée par cette expression, qui signifie que la vie qui s'est trouvée est la vie qui a compris que, pour vivre, il n'y a besoin que de vivre en vivant pleinement.

3) Le réel. Le réel étant le réalisé, l'accompli, l'actualisé, par opposition à ce qui est simplement potentiel (en puissance*), irréalisé, inaccompli.
Aristote a utilisé la notion d'acte afin de montrer que le réel pleinement réel (l'être*) n'est pas – comme chez Platon* – l'intelligible* opposé au sensible*, mais le réalisé (sensible et intelligible) par opposition à l'irréalisé. Pour Aristote, le défaut d'être ne réside pas dans le fait d'être trop dans la matière*, mais de manquer d'acte et de vie*.

Aliénation

L'aliénation vient du terme latin *alien* qui veut dire « autre ». Ce terme a trois sens*.
1) Un sens économique. Aliéner, c'est céder une marchandise contre de l'argent.
2) Un sens médical. Être aliéné, c'est être devenu étranger à soi-même. Ne plus être soi-même. D'où de graves troubles de la personnalité.
3) Un sens philosophique. Être aliéné, c'est perdre son humanité*.
C'est à Rousseau* que nous devons les premières réflexions systématiques sur les processus qui peuvent conduire les hommes à devenir des étrangers pour eux-mêmes.

Altérité

L'altérité vient du terme latin *alter*, « autre », qui signifie irréductiblement différent. Être confronté à l'altérité, c'est être confronté à une réalité* radicalement différente de ce que l'on connaît et que l'on ne peut réduire en la ramenant à quelque chose de connu. Souligner l'altérité, c'est indiquer que le réel est toujours différent de ce que l'on aurait pu imaginer.

De l'autre à l'imprévisible
Pour la science moderne, la réalité relève de l'altérité en vertu de son caractère imprévisible. Ainsi que l'a dit Bachelard, elle n'est jamais ce que l'on croit et toujours ce que l'on aurait dû penser.

Âme

L'âme désigne quatre choses.
1) La forme* des choses*. Chez Platon*, l'âme est la forme qui donne vie* à la matière*, comme le sculpteur donne vie au bloc de marbre en y imprimant la forme d'une statue.
2) Le principe* de vie et de mouvement des choses. Chez Aristote*, l'âme est ce qui anime la vie en dotant celle-ci de mouvement. Il existe ainsi quatre types d'âmes : l'âme végétative des pierres

« Belle âme »
Hegel a critiqué la « belle âme », qui caractérise l'attitude de ceux qui se scandalisent devant l'état du monde. Voulant à la fois rejeter le monde et le transformer radicalement, la belle âme finit par faire le jeu de la violence.

et des plantes, qui ont peu de mouvement ; l'âme animale des animaux, qui se meuvent mais qui n'ont pas de conscience* ni de langage* l'âme humaine qui possède une conscience et un langage mais qui subit une certaine dépendance du fait de son ignorance et l'âme divine qui ne connaît aucune dépendance du fait qu'elle détient la connaissance*.
3) La conscience. Chez Descartes*, l'âme n'est pas un principe de mouvement ni une forme, mais le moi* pensant lui-même. Nous avons une forme et une aptitude au mouvement parce que nous pensons par nous-mêmes.
4) La présence. On dit des choses ou des êtres qu'ils ont une âme, quand ceux-ci ont une présence qui leur confère un caractère irréductible, source d'un rapport poétique au monde.

Amitié

Il y a trois façons d'aimer possibles. On peut désirer charnellement quelqu'un (en grec *eros*). On peut estimer et apprécier quelqu'un (en grec *philia*). On peut partager avec quelqu'un des valeurs* fondamentales et communier ensemble à ces valeurs (en grec *agapê*). Entre l'érotisme (*eros*) et la communion proprement religieuse, il y a l'amitié, cet état* de profonde estime réciproque entre les hommes, qui fait d'eux des égaux. Pour les Grecs – tel Aristote* –, l'amitié était l'exemple même de la communauté humaine accomplie. Être philosophe, c'était être en amitié avec la sagesse* en l'estimant à son plus haut prix. C'était aussi vivre en amitié avec les autres en les estimant à leur plus haut prix.

Amour

L'amour désigne trois choses.
1) Le fait* d'être attiré par quelque chose ou quelqu'un au point d'être pris par ce qui attire ainsi.
2) Le fait de vouloir attirer quelque chose ou quelqu'un à soi, au point de vouloir le prendre.
3) Le fait, non plus d'être pris ou de vouloir prendre, mais de se considérer et de considérer les choses* et les êtres* pour eux-mêmes en faisant quelque chose d'utile pour soi et pour eux.
Tout le sens* de la philosophie* réside dans le fait d'apprendre à aimer, en passant de la violence* des rapports où les hommes sont pris et prennent, à l'invention de rapports où personne ne capture personne, ni n'est capturé, parce qu'à la passion* succède le fait de penser à l'autre.

Analogie ▲

L'analogie définit une similitude de rapports. On est dans un rapport d'analogie quand, par exemple, *a* est à *c* ce que *b* est à *d*. Au Moyen Âge, la théorie* de l'analogie a revêtu une importance théologique centrale car, grâce à elle, les théologiens ont été en mesure de montrer qu'un discours sur Dieu* était possible sans que l'on réduise Dieu pour autant. Ainsi, en trouvant un équivalent de Dieu comme la perfection, il devient possible de penser Dieu sans pour autant le réduire à un objet*.

Analyse ▲

L'analyse a deux sens*.
1) C'est d'abord une méthode* qui consiste à décomposer un objet* matériel ou intellectuel afin de voir de quoi il se compose et comment il se compose.

2) L'analyse est, par ailleurs, une certaine démarche de la pensée*. Ainsi que l'a montré Kant* lorsque, à l'aide de la seule logique* de la pensée, on est en mesure de déduire les propriétés d'une chose*, on dit alors que l'on a affaire à une proposition analytique. Dans une telle proposition, le prédicat* (l'attribut) est dit être contenu dans le sujet*. Quand, en revanche, il n'est pas possible de connaître un objet à l'aide de la seule logique de la pensée et qu'il faut importer de l'extérieur de cet objet des informations, on est alors en présence d'une proposition synthétique.

Ordre analytique et ordre synthétique

Il est possible de suivre deux démarches dans un exposé philosophique. Une démarche analytique, comme celle utilisée par Descartes dans les *Méditations métaphysiques* et consistant à aller des parties au tout, de l'homme à l'être, en suivant un ordre dit de la découverte. Ou bien, on peut suivre un ordre synthétique, comme Spinoza dans son *Éthique*, allant du tout aux parties, selon un ordre dit d'affirmation et d'exposition de la vérité.

Analytique (Philosophie) ▲

La philosophie* analytique représente l'un des grands courants de la pensée* du XXe siècle. Née sous l'impulsion de penseurs tels que Wittgenstein*, celle-ci poursuit une exigence majeure : débarrasser la pensée de ses illusions* et en particulier de ses illusions métaphysiques. En effet, selon la philosophie analytique, la pensée se laisse souvent prendre au piège des mots, en croyant saisir des réalités* à travers eux. C'est le cas, par exemple, des termes être* ou esprit* utilisés par les philosophes, qui donnent l'impression d'être des réalités, alors que ce ne sont que des mots. Très influente dans le monde anglo-saxon, la philosophie analytique se fonde sur la logique* et l'expérience* afin de critiquer les rapports que l'on peut avoir au langage* et à la pensée. Soucieuse de savoir quel sens* les discours peuvent avoir, sa méthode* réside dans le fait de se demander systématiquement à quelles conditions tel ou tel énoncé peut être dit valide.

Anarchie

L'anarchie est une théorie* politique née à la fin du XIXe siècle, sous l'impulsion d'hommes tels que l'Allemand Stirner (1806-1856) et le Russe Bakounine (1814-1876). On peut résumer l'anarchisme par la formule « Ni Dieu* ni maître », qui signifie le refus de tout pouvoir* politique et religieux auquel l'individu* devrait obéir.
L'idéal des anarchistes est de construire une société* sans pouvoir, où plus rien ne vient contraindre l'individu afin de créer de l'ordre*.
Pour l'anarchisme, tous les désordres viennent de ce que l'on veut créer de l'ordre par la contrainte, sans faire confiance à la liberté* humaine.
C'est la raison pour laquelle l'anarchisme poursuit la destruction de l'État*, en refusant en particulier l'idée marxiste et léniniste du passage par un État communiste afin de préparer l'avènement de la destruction de l'État.

Angoisse

Terme central dans l'existentialisme* de Kierkegaard* et de Sartre*. Pour Kierkegaard comme pour Sartre, il est nécessaire de vivre dans l'angoisse, c'est-à-dire dans un état* où l'on se sent à l'étroit dans le monde* tel qu'il est, parce que l'on recherche autre chose. La bonne conscience*, en effet, qui se satisfait du réel tel qu'il est, n'est angoissée par rien. Elle ne se pose aucune question*.
La conscience authentique, au contraire, est angoissée parce qu'elle recherche autre chose.

Angoisse et peur
Alors que la peur émane d'un désir de sécurité qui rend frileux voire agressif, l'angoisse naît d'un désir de liberté et de dépassement de la réalité.

Anthropologie

Science* de l'homme. L'anthropologie désigne deux choses.

Anthropologie et structure
Au cours du XXe siècle, Claude Lévi-Strauss (né en 1908) a considérablement fait évoluer l'anthropologie. En étudiant la culture humaine à sa naissance, à travers les mythes, il a été à l'origine de la découverte de la notion de structure, d'où est né le structuralisme.

1) Un certain rapport à la philosophie* consistant, non pas à mettre Dieu* – comme le fait la théologie* –, ou l'être* – comme le fait la métaphysique* –, au centre de toutes choses*, mais l'homme.
2) L'anthropologie désigne aussi une science sociale s'efforçant de comprendre les structures* de la culture* humaine afin de cerner son mode* d'apparition ainsi que son fonctionnement.

Anthropomorphisme ▲

Tiré du grec *anthropos* qui veut dire « homme » et de *morphè* qui veut dire « forme », l'anthropomorphisme est une façon imaginaire de penser la réalité* des choses*, en prêtant à celles-ci des intentions humaines qu'elle n'ont nullement.
La Nature* qui nous environne n'agit pas comme nous le faisons. Elle n'a pas d'âme*, de volonté* ou de passion*. Dire, par exemple, que le ciel se fâche quand il y a un orage est un anthropomorphisme. Spinoza* (1632-1677) a consacré tout le début de son *Éthique* à une critique* de l'anthropomorphisme afin de montrer que Dieu* n'agit pas comme l'homme.

Antinomie ▲

Une antinomie est une contradiction* irréductible mettant en présence deux thèses opposées qui sont aussi vraies l'une que l'autre. Kant* dans la *Critique* de la raison* pure* a montré que, dès lors que l'on essaie de penser l'origine* du monde*, la raison tombe dans une antinomie. Car il est aussi logique de penser que le monde a eu un commencement que de penser qu'il n'en a pas eu.

Aperception ▲

Aperception vient du terme apercevoir. L'aperception est un terme qui est utilisé dans la pensée* classique afin de désigner la capacité que nous pouvons avoir de sentir que nous sentons, et donc de percevoir que nous percevons. L'aperception désigne le fait qu'il y a une sensibilité* intellectuelle et pas simplement sensible.

Apolliniens
Pour Nietzsche, les Grecs étaient apolliniens, car ils prisaient la vie mesurée et harmonieuse et non la vie excessive.

Apollon

Dans sa philosophie*, Nietzsche* a distingué le côté apollinien du côté dionysiaque de la pensée*. Si Dionysos* (le dieu de l'Ivresse et de la Passion*) désigne le côté passionné, poétique et démesuré de la pensée, Apollon (le dieu de la Lumière et de la Vérité*) désigne le côté raisonnable, rationnel et mesuré de la pensée.

A posteriori ▲

*Voir a priori**.

Apparence

L'apparence désigne deux choses.

1) Le côté superficiel des choses* et des êtres*. Leur surface, généralement appréhendée au premier coup d'œil, sans l'ombre d'une recherche et d'une réflexion.

2) L'apparaître des choses, leur venue au jour. En ce sens, l'apparence désigne quelque chose d'essentiel. C'est en effet en apparaissant, c'est-à-dire en venant au jour, que les choses et les êtres deviennent réels. La phénoménologie* de Hegel*, ainsi que celle de Husserl*, s'est longuement penchée sur la notion d'apparence (en grec *phainomen*) afin de montrer qu'il existe

Apparence et profondeur
Pour la phénoménologie, l'apparence est profonde, car c'est en apparaissant que l'existence montre ce qu'elle est, et donc qu'elle existe.

« Savoir, c'est prévoir. » Cette formule résume bien ce que Kant a voulu faire comprendre à travers la notion d'*a priori*. La raison scientifique s'accomplit quand elle formule des jugements *a priori* sur les choses. Si, péjorativement, un *a priori* désigne un préjugé, positivement l'*a priori* renvoie à une capacité d'anticiper, de voir avant.

non seulement une profondeur, mais également une logique* de l'apparence à travers la structure* de l'apparaître.

A priori. A posteriori ▲

A priori et *a posteriori* sont des termes utilisés par Kant*. Alors que ce qui est *a posteriori* désigne ce qui dépend de l'expérience*, l'*a priori* désigne ce qui n'en dépend pas. La connaissance* est *a priori* quand elle est capable d'anticiper. De voir avant. Indépendamment de l'expérience. Elle est *a posteriori* quand il lui faut passer par l'expérience afin de pouvoir connaître, celle-ci n'étant pas en mesure d'anticiper.

Archétype

L'archétype désigne la forme* d'une chose* qui, étant au principe* de cette chose, en est le modèle exemplaire. Chez Platon*, les idées* sont les archétypes des choses. Carl Gustav Jung (1875-1961), qui fut psychanalyste et disciple de Freud*, a conféré un rôle central aux archétypes dans la vie* psychique. L'âme* humaine prenant forme à travers tout un processus de connaissance* et de symbolisation, celle-ci s'appuie sur des symboles* originaires qui lui sont donnés afin de pouvoir se construire. Ces symboles originaires sont les archétypes, et se dévoilent notamment dans les rêves*.

ARISTOTE

Disciple de Platon*, Aristote (384-322 av. J.-C.) en fut aussi le critique. Si, en effet, pour Platon, le sensible* s'oppose à l'intelligible*, pour Aristote, sensible et intelligible sont indissociables.

Certes, nous voyons la matière* parce qu'il y a des formes*, et en général des idées* pour donner forme à la matière, comme le sculpteur donne forme à un bloc de marbre. Cela dit, l'inverse est également vrai. Nous devinons qu'il y a des formes, parce que celles-ci transparaissent à travers la matière. Si la matière n'existait pas pour supporter et laisser transparaître les formes, nous ne pourrions deviner l'existence de celles-ci. De ce fait, la distinction pertinente n'est pas celle qui sépare le sensible de l'intelligible, mais l'acte* (ce qui est accompli) de la puissance* (ce qui est inaccompli).
Plus un être* est en mesure de donner forme à une matière, mais aussi vie* à une forme à travers la matière, plus cet être a de réalité*. Il existe donc une hiérarchie* des êtres, la Nature* offrant le spectacle d'une vie s'efforçant d'avoir de plus en plus d'être, c'est-à-dire de plus en plus de forme et d'intelligence*. Il existe également une diversité dans l'être. En effet, l'être étant vivant, celui-ci peut avoir plusieurs formes et se dire de plusieurs façons. Il se dit notamment à travers les catégories* (les genres* de l'être, le lieu, le temps*, la quantité*, la qualité* par exemple). Aristote a développé une vision sensible et vivante de l'être qui l'a conduit à devenir l'un des premiers observateurs systématiques de la Nature.

Aristote, le père de l'empirisme
Adepte de l'expérience, au point d'apparaître comme le père de l'empirisme, Aristote a enseigné à la culture occidentale que c'est en regardant le monde et non en se détournant de celui-ci que l'on trouve la vérité.

Art

L'art désigne deux choses.
1) D'une façon générale, l'art renvoie au savoir-faire et à la technique* parfaitement maîtrisée. Le virtuose dans son domaine est dit être passé « maître » dans l'art de faire ceci ou cela.

Art et authenticité
Face à un monde qui vit parfois dans l'inauthenticité à force de vouloir maîtriser et dominer le réel, l'apport de l'art est de nous aider à retrouver un regard authentique sur le réel en le faisant vivre librement pour lui-même.

2) Par ailleurs, l'art renvoie à la manifestation humaine du beau*. Si, en effet, il existe le beau naturel, qui est cette harmonie que la Nature* peut dispenser à travers tel ou tel élément, il existe aussi le beau artistique, qui est l'harmonie que les hommes peuvent inventer et susciter à travers telle ou telle œuvre. Kant* a vu dans le génie* – qui est la capacité qu'a l'homme de s'élever au-dessus de la Nature – la source de l'art. Du fait de sa liberté*, l'artiste possède un domaine illimité : celui de la nouveauté. Ce qui est aussi une limite. Car quand la nouveauté devient le critère de l'art, le risque est grand de voir taxer d'art n'importe quoi.
L'art doit-il être vrai en servant la vérité* et donc « imiter la Nature » ? Ou bien doit-il être libre et ne pas hésiter, comme le disait Baudelaire (1821-1867), à aller « *au fond de l'inconnu pour trouver du nouveau* » ? Tout le génie de l'art est de savoir réconcilier vérité et liberté en donnant à voir, à entendre, à goûter et à vivre des objets* et des œuvres vivant pour eux-mêmes.

« *Être hors de soi* »
Cette expression montre bien, *a contrario*, ce qu'est l'état d'ataraxie. L'homme violent, en colère, est, comme on dit, « hors de lui ». Asservi au monde extérieur et envahi par celui-ci, il ne sait plus ce qu'il dit ni ce qu'il fait. Le sage, à l'inverse, tente de vivre en lui-même et de ne jamais être « hors de lui ».

Ataraxie ▲

L'ataraxie désigne l'état* de parfait accomplissement de la sagesse*. Le sage connaît l'ataraxie quand il est sans passions*. Être sans passions veut dire être en soi-même et par soi-même. Alors que l'homme agité est toujours dépendant d'éléments extérieurs qui le troublent, le sage ne se laisse pas envahir par le monde* extérieur. Il vit la vie* qui est en lui et non la vie qui est hors de lui. Ce sont les grandes morales* antiques comme le stoïcisme* et l'épicurisme (*voir* Épicure*) qui ont enseigné les moyens d'accéder à l'ataraxie.

Atomisme

L'atomisme vient du terme atome qui désigne la plus petite partie de la matière*. Au cours de l'Antiquité, des penseurs comme Démocrite (v. 460-v. 370 av. J.-C.) et Épicure* ont développé une vision du monde* fondée sur l'atome. Par cette vision du monde, ils ont voulu montrer que l'être* étant pleinement vivant, celui-ci est vivant en chacun de ses points et n'a besoin de rien d'autre que de lui pour être. D'où l'image d'un monde composé d'atomes et de vide. L'atomisme moderne ne revêt plus ce caractère antique. En physique, ainsi que l'a montré Bachelard*, l'atome ne désigne plus une partie insécable de la matière, mais une théorie* mathématique – la matière, en vertu de sa complexité, n'étant plus représentable que mathématiquement.

L'atomisme en psychologie
L'atomisme consiste à penser que l'on peut décomposer la vie mentale ou la pensée en éléments simples, le tout ne préexistant pas aux parties.

AUGUSTIN (saint)

Père de l'Église, et en particulier de l'Église d'Occident, saint Augustin (354-430) est aussi l'une des figures majeures de la pensée* occidentale, du fait de sa position au croisement de la culture* antique et du christianisme.
On lui doit principalement trois choses.
1) D'abord, l'irruption de l'homme intérieur. En écrivant ses *Confessions* afin de raconter sa conversion, saint Augustin fait de la philosophie* un itinéraire intérieur qui respecte la subjectivité humaine.
2) De plus, saint Augustin découvre que le temps* est esprit*. Car le temps n'existant que par la conscience* que j'en ai, temps et conscience sont indissociables. En dévoilant le temps, la conscience fait du temps une réalité* intérieure et non plus extérieure. Le temps est en nous et pas hors de nous.

3) Enfin, en politique*, il convient de distinguer la cité* de Dieu*, bâtie sur la charité, et la cité des hommes, bâtie sur l'orgueil, cela afin de modeler la cité des hommes sur la cité de Dieu. Par son attention donnée à l'homme et à sa conscience, saint Augustin a changé le destin* de la pensée occidentale.

Autonomie

Est dit autonome ce qui est capable de se diriger soi-même selon une loi* propre fixée de l'intérieur et non de l'extérieur. L'autonomie est un concept* central chez Kant*, en particulier dans le domaine pratique de la morale*. Pour Kant, la volonté* est nécessairement autonome, c'est-à-dire libre et morale à la fois. Car avoir de la volonté consistant à décider quelque chose de l'intérieur en appliquant intérieurement cette décision, c'est donc être libre puisqu'il s'agit d'un acte* intérieur. Et c'est être moral, puisque c'est ne pas faire n'importe quoi, ni se laisser faire par le monde* extérieur (hétéronomie). Kant a reçu de Rousseau* l'idée* que la volonté caractérise la morale.

Autrui

Je et Tu
Martin Buber (1878-1965), en publiant son ouvrage *Je et Tu*, a bien résumé la signification que peut revêtir autrui. Je suis par rapport à autrui. Face à lui. Avec lui. Grâce à lui, autrui étant celui avec qui je sors de la solitude, du silence et de l'anonymat.

Sartre*, dans *L'existentialisme* est un humanisme*, indique qu'il existe deux vérités* fondamentales.
1) La conscience*.
2) Autrui.
La conscience est une vérité irréductible, car personne ne peut penser pour personne. Il n'y a que moi qui puisse penser quand je pense. En outre, autrui est une vérité irréductible. Car, quand je suis, je ne suis jamais seul. Je suis toujours en situation. Par rapport à autrui. Mon Je est un Je, parce que c'est un Je par rapport à un Tu.

Averroïsme ▲

Averroïsme vient d'Averroès (1126-1198) qui fut un grand penseur musulman du Moyen Âge, préoccupé avant tout de montrer la compatibilité entre l'islam et Aristote*, la foi* et la raison*. Averroès s'est opposé à la notion de création* du monde*, inintelligible selon lui. Il s'est opposé également à l'idée* d'âme* individuelle, tout aussi inintelligible. Aussi a-t-il été taxé de rationalisme* réducteur. Être traité d'averroïste au Moyen Âge était péjoratif.

Double vérité

Soucieux de montrer la compatibilité entre foi et raison, Averroès a défendu l'idée d'une double vérité (théologique et rationnelle). Ses propositions ont été mises à l'index par l'évêque Étienne Tempier en 1217.

Axiomatique ▲

Un axiome est une proposition immédiatement évidente posée au fondement* d'une théorie* et permettant à celle-ci de se construire.
Une axiomatique résulte du fait d'axiomatiser, qui consiste à formaliser un ensemble d'énoncés ou de propositions en ne retenant que la forme* des relations* qu'ils peuvent entretenir indépendamment de leurs significations.

B

BACHELARD (Gaston)

Bachelard (1884-1962), né en France, a développé toute sa réflexion philosophique autour de deux axes.
1) La science*. Rationaliste, Bachelard s'est efforcé de montrer que la science délivre des leçons de philosophie* en faisant preuve d'une capacité proprement révolutionnaire de penser contre elle-même et contre son propre confort, à l'image du nouvel esprit* scientifique né avec la physique relativiste d'Albert Einstein (1879-1955) ou avec la mécanique quantique en microphysique.
2) La poésie. Rêveur, Bachelard s'est attaché à montrer que l'imagination* poétique prenait sa source dans une méditation sur la matière* et, en particulier, sur le feu, l'air, l'eau ou la terre.
On doit à Bachelard la mise en avant des concepts* d'obstacle épistémologique et de rupture épistémologique. Un obstacle épistémologique est une image* faisant obstacle au concept. Une rupture épistémologique (*voir* épistémologie*) est une mutation brusque au cours de l'histoire* de la science. Bachelard a insisté pour montrer que l'esprit humain travaille de façon discontinue. Par ruptures. En opposition avec les images réductrices de la réalité*.

Matière et profondeur
Le matérialisme est souvent associé à un souci exclusif des choses matérielles. Bachelard a montré qu'il existait une profondeur de la matière, sous la forme de la richesse sensible déployée par la réalité.

Barbarie

Pour les Grecs, le barbare était celui qui ne parle pas grec. Aujourd'hui, la barbarie désigne cet état* de régression de la culture* et de la civilisation*, lorsque la culture se met à détruire la culture.
La barbarie n'est pas la sauvagerie.
Si la sauvagerie désigne cet état avant la culture qui n'est pas forcément contre la culture, la barbarie, en revanche, désigne un état dans la culture qui s'avère être contre la culture.

Béatitude et philosophie
Spinoza a fait de la béatitude l'accomplissement du sage. Le sage est dans la béatitude quand, étant devenu libre, c'est librement qu'il se met à vivre, pour le simple bonheur du fait de vivre.

Béatitude

La béatitude désigne l'état* de suprême bonheur* auquel on parvient quand le fait* même de vivre rend heureux – et pas simplement ce que l'on vit. État existentiel consistant à aimer vivre pour la vie* même, la béatitude est un état de délivrance à l'égard de la vie. Elle diffère en cela du plaisir* qui, étant attaché à la satisfaction d'un monde*, reste dépendant du monde matériel. Comme elle diffère de la joie* qui, étant la dilatation de la vie, n'est pas la béatitude, qui est la jouissance du fait même d'exister.

Agréable *vs* beau
Kant a souligné, dans son *Esthétique*, qu'il n'y a pas de sens à dire : « *C'est beau pour moi.* » Car c'est là confondre l'agréable et le beau. Le beau débouche sur un langage universel qui fait que l'on ne cesse de parler de ce qui est beau à travers l'espace et le temps, alors que l'agréable ne débouche que sur un plaisir individuel.

Beau

Le beau est ce qui est harmonie. Harmonie des choses* avec elles-mêmes. Harmonie de soi avec les choses et les êtres*. D'où, dans la beauté, une notion d'unité mais aussi de dépassement, s'unir aux choses et aux êtres requérant d'aller au-delà de soi. L'harmonie seule n'est pas la beauté. Car si l'unité ne devient pas une unité intérieure, il n'y a pas de véritable unité vécue. Mais l'inverse est vrai. L'unité intérieure ne suffit pas. Si l'unité que l'on a en soi ne devient pas une unité en dehors de soi, il n'y a pas beauté.

BERGSON (Henri)

La philosophie* de Bergson (1859-1941), né en France, se structure autour de trois notions majeures.
1) La durée*. Comme son nom l'indique, la durée est ce qui dure et se conserve. À ce titre, l'être* est durée. Et, étant durée, il permet de comprendre que le temps* n'est pas ce qui disperse et détruit, comme on le croit, mais ce qui conserve.
2) La mémoire*. Le temps conservant la vie* à travers la durée, c'est la mémoire qui est à la source de l'esprit*. Et non l'intelligence*, comme on le pense si souvent. L'esprit provient de la capacité que l'on a de communier avec la vie en la faisant durer, et non de la maîtrise technique du monde* cherchant à tout calculer.
3) La vie. C'est donc en entrant dans le temps et dans l'expérience* sensible que l'on accède à l'être. La vie est la clé de l'être et non l'inverse. D'où l'erreur* de la science* et de la métaphysique* qui cherchent toujours la vérité* au-delà de la vie. Religion* et art*, en revanche, ne font pas cette erreur, puisqu'ils comprennent que l'être se trouve en vivant, grâce à un saut créateur dans la vie. Tout au long de sa pensée*, Bergson n'a cessé de chercher à renouer le lien de la philosophie avec le temps, le sensible* et la vie.

BERKELEY (George)

Berkeley (1685-1753), né en Irlande, est célèbre dans l'histoire* de la philosophie* pour avoir nié l'existence* de la matière*. En fait, réagissant contre Descartes* qui pensait qu'il existait une substance matérielle – c'est-à-dire que la matière est capable de se soutenir par elle-même et d'avoir une autonomie* –, Berkeley s'est attaché à montrer que celle-ci n'a pas d'autonomie. Dépendante de Dieu*, elle est le langage* à travers lequel Dieu nous parle. En unissant ainsi la matière et le langage, Berkeley a fondé la psychologie moderne, qui s'est attachée à décrire l'expérience* sensible sous la forme* d'un langage. Il a également rénové la philosophie de l'expérience en envisageant le monde* comme langage.

Besoin

Le besoin désigne trois choses.
1) Le rapport de la vie* à elle-même. La vie est vivante en se désirant et en se renouvelant sans cesse à travers ce désir*. Marque du désir de la vie envers elle-même, le besoin est l'expression positive du désir dans le temps*.
2) Les nécessités matérielles et morales de l'humanité*. L'humanité a des besoins matériels et moraux. Les repérer, les décrire et y répondre relèvent de l'organisation pratique de l'humanité. Face à la tentation de nier tel ou tel besoin, la pensée* a une responsabilité* critique.
3) L'illusion*. S'il existe de vrais besoins, il existe de faux besoins. La société* dite de consommation a pour effet d'engendrer toutes sortes de faux besoins. La pensée* a dès lors une responsabilité, qui est de démystifier la logique* qui conduit à la création de ces faux besoins et des dépendances qu'ils occasionnent.

« Vivre dans le besoin. » Le besoin désigne un état de pauvreté, comme l'indique cette expression. Cela dit, le besoin a aussi une face positive, comme le montre le fait de dire à quelqu'un : *« Tu es devenu un besoin pour moi. »* On peut éprouver la nécessité de la vie comme une contrainte, mais aussi comme une liberté.

Bien

Le bien désigne quatre choses.
1) Une richesse. Posséder un bien, c'est posséder quelque chose qui a de la valeur*. Il peut y avoir une illusion* consistant à croire que l'on est bien parce que l'on a du bien. La possession d'un bien ne fait pas forcément la valeur morale.

2) Une modalité* technique et pratique. Bien faire quelque chose, c'est faire quelque chose comme il faut, en se conformant à ce qu'il faut faire. Le bien réside alors dans la capacité que l'on met en œuvre d'être conforme à. De s'adapter à. Capacité qui est l'intelligence* même, l'intelligence résidant dans le fait de savoir s'adapter.

3) Un modèle. Le propre de l'humanité* réside, entre autres choses, dans le fait de se structurer autour d'un certain nombre d'idéaux. Est alors considéré comme bien le fait de se conformer à ces idéaux et de devenir un idéal vivant servant de modèle pour les autres.

4) Une finalité* fondamentale. Si certains idéaux sont relativisables selon les cultures* ou les époques, il existe, selon Kant*, des idéaux qui ne le sont pas, parce que leur existence et leur maintien sont une condition de possibilité de l'humanité tout entière. Le bien est alors appelé le souverain bien.

Le respect
Il relève du souverain bien. Car il permet à l'humanité tout entière d'exister.

Bonheur

Le bonheur désigne trois choses.

1) Quelque chose d'heureux qui vient à point nommé. Quand on a un désir* qui est comblé et que, de surcroît, cette satisfaction vient à point nommé, on parle alors d'un bonheur. Ce qui nous ramène à l'étymologie du terme bonheur. Le bon augure. La bonne rencontre. Grâce à la vie* qui est conforme à nos désirs, nous sommes en harmonie avec nous-mêmes, en étant délivrés du poids de la nécessité*.

2) Une illusion* possible. Parce qu'il nous comble, le bonheur porte avec lui une tentation. On voudrait pouvoir le posséder toujours en arrêtant la vie.

D'où une contradiction*. Celle de vouloir à la fois vivre et arrêter de vivre. En fait, le bonheur ne se possède pas. D'où l'invitation de sages tels Épicure* ou Spinoza* de pratiquer un renversement, en rapportant non pas le bonheur à une chose*, mais les choses au bonheur, c'est-à-dire à une façon de les prendre heureusement. Au lieu d'attendre le bonheur de la vie passivement, il faut devenir soi-même activement un bonheur pour la vie.

3) Une vertu* possible. Le bonheur n'est pas la vertu. Car la vertu n'est pas quelque chose qui se goûte comme le bonheur, et le bonheur n'est pas quelque chose à quoi il convient de se soumettre comme la vertu. Cela dit, le bonheur accompagne la vertu, et il la sert. Car la vertu ne croît pas dans la tristesse et, quoique le bonheur ne soit pas la vertu, l'action de rendre les autres heureux est vertueuse.

Catégorie ▲

Une catégorie est un concept* qui permet de classifier et d'ordonner les choses* en répondant à un certain nombre de questions* comme : Quelle est cette chose ? Comment est-elle ? Où est-elle ?... Aristote* a fait des catégories les genres* de l'être*, car il a pensé que les moyens que nous avons d'ordonner le monde* nous viennent de la réalité* elle-même. D'où le fait d'avoir compris dans les catégories, le lieu, la situation, le temps*, l'action, la passion* et l'avoir, à côté de catégories comme l'essence*, la qualité*, la quantité*, la relation*. Kant*, en revanche, a pensé que les catégories n'émanent pas de la réalité elle-même, mais de l'entendement* humain. C'est la raison pour laquelle il n'a conservé comme catégories que la qualité, la quantité, la relation et la modalité*.

Cause ▲

Le positivisme
Au XIXe siècle, le positivisme s'est donné pour but de substituer une description scientifique de la réalité à une explication métaphysique de celle-ci. À l'explication par des causes, dira Auguste Comte, il convient de substituer la description par les lois.

En étant à l'origine* de sa production, une cause de quelque chose fait être cette chose*. Pour Aristote*, il existe une cause première qui est fondement* de ce qui est. La réalité* en est le témoignage. Si rien ne faisait être ce qui est, il n'y aurait pas de réel. Rien n'est pas hasard*. Tout a quatre causes. Une cause matérielle, une cause formelle, une cause efficiente et une cause finale pour produire la réalité d'une chose, son idée*, son origine et son but. Pour Hume*, en revanche, la notion de cause est une illusion*. Car comment pouvons-nous prétendre connaître ce qui fait être la réalité ? L'ordre* que nous voyons dans les choses n'est qu'un ordre possible parmi d'autres qui existent peut-être. Aussi faut-il, selon lui, débarrasser la philosophie* du discours sur les causes. C'est l'homme, et non la cause première, qui est la clé de la Nature*.

Certitude

La certitude est une vérité* subjective et non pas objective. Alors que le savant a des preuves*, l'homme a des certitudes. La certitude est souvent condamnée car on la confond avec une idée* arrêtée. Descartes*, le père du rationalisme* moderne, a fait remarquer qu'au contraire la certitude est le critère même de la vérité. Car une chose* devient vraie quand celui qui la dit est certain de ce qu'il dit, parce qu'il a fait de cette vérité non plus une vérité extérieure qui ne le concerne pas, mais une vérité intérieure qu'il peut vivre.

Chose

La chose (*res* en latin) désigne ce qui fait le caractère propre de la réalité*, indépendamment de l'esprit* humain. Il existe ainsi une force* des choses, que la sagesse* stoïcienne nous invite à reconnaître. Husserl* a voulu, à travers son projet phénoménologique, « *retourner aux choses mêmes* », c'est-à-dire retrouver dans le réel ce qui donne au réel toute sa force* et toute sa présence.

Cité

La cité est la forme qu'a prise l'État* au tout début de l'Antiquité, sous la forme de villes-États comme Athènes ou Sparte. Par la suite, ce terme est resté et désigne le modèle même de la communauté politique organisée, où les hommes se définissent comme citoyens, c'est-à-dire comme individus* responsables concernés de façon active par la construction d'une vie* en commun.

Civilisation

La civilisation est le contraire* de la sauvagerie, qui est l'absence de culture*, et de la barbarie*, qui est la destruction de la culture. À ce titre, la civilisation désigne un état* (l'état de culture) et une vertu* (la défense de la culture).

Classe

La classe est le résultat du classement, qui consiste à créer un groupe autour de certains critères après en avoir distingué les éléments au moyen de ces critères. Marx* a fait remarquer que l'organisation capitaliste de la société* avait tendance à créer des classes sous la forme de groupes sociaux se définissant uniquement par leur richesse.

Une chose en soi
Kant a critiqué la prétention des hommes à vouloir saisir la réalité en soi. Mais il a admis qu'il fallait supposer l'existence d'une « *chose en soi* », pour guider la connaissance. D'où le paradoxe de la condition humaine, qui peut saisir les manifestations de la chose en soi, mais pas la chose en soi elle-même.

Marx et la lutte des classes
Marx a assigné au socialisme la tâche de supprimer la lutte des classes en favorisant l'avènement d'un monde dans lequel l'humanité ne se distinguerait plus selon l'argent, par exemple.

Cogito

Cogito est le terme latin utilisé par Descartes* pour dire « *je pense* ». Souhaitant découvrir la vérité* dans les sciences*, Descartes entreprend de douter de tout, afin de parvenir à de l'indubitable.
La première vérité à laquelle il parvient est celle du « *je pense* ». Car on ne peut douter de tout, étant donné que pour douter il faut penser*.

Communication

La communication est l'action, pour le détenteur d'un message, de transmettre ce message à un destinataire à travers un langage*.
Tout le problème posé par la communication provient du fait qu'il ne suffit pas de satisfaire aux conditions techniques de la transmission d'un message pour que celui-ci parvienne à son but. Encore faut-il respecter autrui*, le contexte dans lequel s'effectue la transmission ainsi que les mots et la valeur* des mots que l'on utilise. D'où l'importance d'avoir une éthique* de l'autre, du monde* et du langage, si l'on veut pouvoir communiquer. Ce qui fait de la communication non pas un acte* technique mais un acte philosophique.

Communisme et socialisme
Le communisme n'est pas le socialisme. Car, alors que le socialisme consiste dans un État révolutionnaire s'efforçant d'utiliser le pouvoir afin de supprimer les inégalités existantes, le communisme est la révolution réalisée et, par là même, la suppression du socialisme.

Communisme

Le communisme est une doctrine politique née au cours du XIXe siècle et principalement pensée par Karl Marx*. Le but du communisme est de parvenir à abolir les divisions de l'humanité*, qui passent principalement par l'exploitation de l'homme par l'homme et l'oppression de la société* par une classe* sociale dominante possédant l'ensemble des instruments de production* et, en particulier, le capital.

Compréhension ▲

On peut saisir une chose* de deux façons. En compréhension ou en extension*. La compréhension renvoie à la nature* d'une chose. L'extension à ses relations* avec d'autres choses.

Comprendre

Ainsi que l'a fait remarquer le philosophe allemand Wilhelm Dilthey (1833-1911), comprendre n'est pas expliquer*. Alors que le fait d'expliquer une chose* consiste à la décomposer en ses éléments premiers afin de voir comment elle se compose et comment elle fonctionne, le fait de comprendre consiste, lui, à donner un sens* aux choses en se les représentant et, surtout, en faisant en sorte qu'au sein de la représentation*, elles représentent quelque chose sous la forme* d'une valeur*, une valeur morale par exemple. Alors que l'explication nous met sur un plan mécanique, la compréhension* nous place sur un plan éthique. Ce n'est pas parce que l'on explique les choses qu'on les comprend forcément. À l'inverse, le fait de se comprendre dans les relations* humaines ne passe pas forcément par le fait de s'expliquer, c'est-à-dire de tout expliciter.

COMTE (Auguste)

Comte (1798-1857) est le père du positivisme*, l'un des courants majeurs de la philosophie* du XIXe siècle, dont la caractéristique principale réside dans une foi* décidée à l'égard de la raison* et de la science*. La pensée* positiviste est bien résumée par la devise qu'on peut lire sur le drapeau du Brésil : *Ordre* et progrès**. Devise qui fut celle d'Auguste Comte lui-même. On peut ramener le positivisme à trois concepts* majeurs.

Comte et le Brésil

Si le Brésil a adopté la devise d'Auguste Comte, cela vient du fait qu'au XIXe siècle des adeptes de sa philosophie ont émigré au Brésil, où ils ont entrepris de développer leurs idées.

Civilisation et culture
Au XIXe siècle, une polémique a opposé des penseurs allemands et des penseurs français. Alors que les Allemands jugeaient le concept de civilisation superficiel et celui de culture profond, les Français ont défendu la civilisation contre la culture.

1) Le refus de l'explication métaphysique. Pour le positivisme, il n'y a pas de vérité* au-delà de la réalité*. Pas de transcendance* donc, comme dans le monde* religieux. Tout est donné dans la réalité que nous connaissons. D'où la volonté* du positivisme de substituer la science*, qui étudie le réel tel qu'il est, à la religion*, qui cherche un monde idéal qui devrait être.
2) Le culte de la raison*. L'étude de la réalité montre que celle-ci est dynamique. Elle progresse. En particulier à travers l'humanité* qui est la réalité devenue consciente d'elle-même. La science, qui nous fait comprendre* tous les niveaux de réalité que l'on peut trouver, de la matière* inanimée à la vie* consciente, permet de ressaisir l'ensemble de l'évolution* et du progrès humains. Aussi est-elle la conscience* vivante de l'humanité et assure-t-elle à l'humanité la possibilité de progresser.
3) Le culte de l'humanité. Si la science permet de comprendre l'évolution de l'humanité, la sociologie, qui nous montre comment l'humanité se construit en société* et organise son progrès, est la science permettant de comprendre la science. Aussi n'y a-t-il pas de plus grande science que la sociologie, et, à travers elle, pas d'acte* plus positif que celui de faire progresser l'humanité en l'aidant à se construire par une politique* de l'humanité. Le culte de la science fait progresser l'humanité, la progression de l'humanité fait progresser la science.

Concept

Le concept est, comme son nom l'indique, ce qui permet de concevoir, c'est-à-dire de se représenter une chose* en voyant ce que celle-ci signifie par rapport à d'autres choses. De ce fait, le concept implique une opération de la pensée* qui consiste à élever une chose au niveau d'une signification générale, après avoir opéré tout un travail* de comparaison et de distinction.

Hegel et le concept
Hegel a placé le concept au centre de sa philosophie. Selon lui, le concept était la réalisation même de la pensée en étant la résultante d'une opération de comparaison (recherche de l'identité d'une chose) et de distinction (recherche de la différence d'une chose).

Concret

Le concret désigne le contraire* de l'abstrait*. Confondu fréquemment avec le sensible* par opposition à ce qui est intellectuel, le concret est souvent réduit à une réalité* terre à terre. Ce qui conduit à masquer l'autre signification du concret. Concret veut en effet dire aussi concrétiser. À cet égard, le concret n'est pas le contraire de l'abstrait, mais sa concrétisation. D'où une perspective originale : le concret et le sensible comme accomplissement de l'intelligible*.

Connaissance

Connaître veut dire faire le tour de quelque chose en partant de la pensée* et en revenant à la pensée. De ce fait, la connaissance a une structure circulaire, puisque l'on peut dire connaître quelque chose quand on est à même d'en faire le tour. Peut-on tout connaître ? C'est la question centrale que Kant* va poser dans la *Critique* de la raison* pure*. S'agissant de Dieu*, par exemple, qui, par définition* comprend le monde* sans être compris par lui, Kant montrera que si l'on peut penser Dieu, c'est-à-dire supposer son existence* en avançant que le monde n'a pas pu être issu de rien, on ne peut pas le connaître – c'est-à-dire en faire le tour et le comprendre* – nous qui sommes compris par lui en tant que parties du monde. Aussi Kant dira-t-il : « *Au savoir, j'ai dû substituer la foi**. »

Conscience

La conscience désigne quatre choses.

1) Une fonction* psychologique. La conscience est la capacité qu'a l'homme d'être éveillé et présent au monde*, en fonction d'un mécanisme* cérébral d'adaptation à la réalité*.

2) Une réalité irréductible. Personne ne peut penser pour personne. Pour penser, il faut un engagement personnel. Quand je pense, je pense parce que c'est moi qui pense. Ce caractère personnel désigne ce que l'on entend par conscience. La conscience est la pensée* vue sous son aspect personnel et donc subjectif.

3) Une illusion* possible. La pensée a beau devoir être personnelle pour être une pensée, ce n'est pas parce que l'on est personnel que l'on est forcément dans la pensée. Si la pensée a besoin d'un moi*, le moi a besoin d'une pensée. D'où la nécessité de critiquer les illusions du moi croyant pouvoir tout penser parce qu'il est un moi, et de rappeler que le moi a besoin d'élever ce qu'il sent et vit au concept*.

4) Un sens*. Entre l'affirmation du moi et les illusions du moi, la conscience renvoie à ce que Husserl* a désigné sous la notion d'intentionnalité*. L'intentionnalité désigne, comme son nom l'indique, une intention, c'est-à-dire le fait d'aller vers. De viser. Viser, aller vers, revient à donner du sens. À défaut d'épuiser la connaissance* du monde par son moi, ce qui serait une illusion, l'homme peut donner du sens à celui-ci.

Theoria

Le mot *theoria*, qui veut dire « théorie », désigne, pour la philosophie antique, la contemplation. Car *theoria* vient du terme grec *thea* qui veut dire « vision ». Avoir une vue théorique des choses, ce n'est pas avoir une vue abstraite de celles-ci, mais la vision de celles-ci.

Contemplation

Contempler veut dire parvenir à une vue totale des choses*. Avoir une saisie de leur unité et de leur principe* en s'élevant au-dessus d'elles.

Et, de ce fait, ne pas se lasser de les regarder en éprouvant une forme* de ravissement. Pour la pensée* antique, la contemplation était le stade suprême de la connaissance*. Nullement passive, la contemplation se confond avec le regard actif sur les choses, qui sait voir ce qu'elles sont.

Contingence ▲

La contingence désigne le fait qu'une chose* puisse être ceci ou cela. Autrement dit qu'une chose puisse être accidentelle. La nécessité* désigne le fait qu'une chose ne puisse pas être autrement qu'elle est. Si la nécessité implique le fait que les choses aient une Nature* et une essence*, la contingence au contraire récuse toute idée* de Nature et d'essence.

Au fondement de la réalité

Sartre, qui récusait toute idée de nature et d'essence des choses, a développé une philosophie plaçant la contingence au fondement de la réalité. Pour Sartre, le monde n'a aucun sens particulier. Il peut être ceci ou cela. Son sens dépend, dès lors, du sens que je lui donne.

Contradiction ▲

Une chose* ne peut pas, à la fois, être elle-même et son contraire*. Le principe* du tiers exclu (A ne peut pas être à la fois A et non-A) est au fondement* de la logique* de tout discours. Un discours est dit cohérent quand il ne se contredit pas. L'absence de contradiction est l'exigence fondamentale de la logique.

Contraire ▲

Un contraire est un terme opposé à une chose* qui n'implique pas forcément la négation de celle-ci. Un contraire n'est pas forcément une contradiction*. Ainsi, ce n'est pas parce que l'on ne possède pas telle qualité* que l'on a pour autant un défaut.

Contrat

Un contrat est une convention que deux parties qui veulent échanger des services mutuels passent

Rousseau et le contrat social
Le *Contrat social* de Rousseau consiste à dire que si nous décidons tous, d'un commun accord, de vivre en société, nous déboucherons sur la liberté car lorsque tout le monde obéit à tout le monde, personne n'obéit à personne.

l'une avec l'autre. Notion centrale dans la philosophie* politique moderne, la notion de contrat renvoie à une vision humaine, rationaliste et individualiste de la société*. Elle est humaine, parce qu'elle signifie que la société repose sur un droit* établi par les hommes et non par Dieu*. Elle est rationaliste, parce qu'elle se fonde sur un calcul d'intérêts, et uniquement sur lui. Elle est individualiste, parce qu'elle explique la formation de la société à partir de la décision d'un individu* de passer un contrat de société avec les autres individus. L'idée* d'un contrat social pour fonder la société s'explique par le souci de défendre la liberté* individuelle et de rendre compatibles société et individu.
Le problème posé par le contrat social provient de son caractère individualiste. Il peut devenir l'alibi d'un monde* égoïste se servant de la société comme d'un instrument. Le simple respect d'une convention ne suffit pas à bâtir un lien entre les hommes.

COPERNIC (Nicolas)

La révolution copernicienne
Kant a utilisé cette notion afin de caractériser son projet philosophique consistant à soumettre la métaphysique à une critique du sujet, au lieu de simplement faire tourner le sujet autour de la métaphysique.

On doit à cet astronome polonais (1473-1543) d'avoir montré que ce n'est pas le Soleil qui tourne autour de la Terre, comme pourraient le laisser supposer les apparences*, mais la Terre qui tourne autour du Soleil.

Corps

Le corps signifie trois choses.
1) Le corps physique. Si la réalité* prend forme* grâce aux idées* et aux formes, qui donnent une forme à la matière*, ainsi que l'a montré Platon*, elle prend forme également grâce à la matière et aux corps.
Le réel, qui est réel parce qu'il est intelligent, est réel parce qu'il est aussi tangible, sensible et non abstrait.

D'où l'importance de l'étude des corps, et en particulier des corps matériels, afin d'accéder à une compréhension* du réel – comme l'ont souligné Démocrite (v. 460-v. 370 av. J.-C.) et Aristote*.
2) Un ensemble structuré. Un corps, c'est aussi un ensemble organisé d'éléments qui sont soudés les uns avec les autres. On a parlé du corps mystique de l'Église. On parle du corps de l'État*. Toute forme organisée qui prend vie* prend corps. Ici, l'étude du corps renvoie à l'étude de l'unité des choses*.
3) Le corps humain. L'homme est doté d'un corps et d'une âme*. Si par son corps il est soumis au déterminisme* de la Nature*, par son âme il possède une liberté* à l'égard de la Nature, qui lui permet d'avoir du recul par rapport à celle-ci. Bien que le corps ne soit pas l'âme ni l'âme le corps, ainsi que l'a montré Descartes*, le corps est la partie la plus sensible et la plus subjective de nous-mêmes. À ce titre, il participe de l'âme sous la forme de la chair, que Merleau-Ponty (1908-1961) a analysée dans sa phénoménologie*.

Cosmos

Cosmos en grec veut dire « ordre* ». Le cosmos est l'univers ordonné. Il s'oppose au chaos, qui veut dire désordre. La cosmologie étudie l'ordre de l'univers et, en particulier, l'agencement des planètes. Elle se distingue de la cosmogonie qui étudie la naissance et la formation de l'univers.

COURNOT (Antoine)

On doit à Cournot (1801-1877) la réintroduction de la notion de hasard* dans l'étude de la rationalité. Longtemps exclue du domaine de la raison* – la raison posant que rien n'arrive par hasard –,

Einstein et le hasard
Il a décrit le hasard comme étant le langage que Dieu emprunte afin de s'exprimer dans la réalité.

la notion de hasard renvoie aussi à l'imprévisible. Aussi, pour rendre compte de l'inattendu, qui n'est pas forcément l'inexplicable, Cournot recourra-t-il à l'idée* faisant du hasard le résultat de séries causales indépendantes.

Création

Créer, c'est faire apparaître quelque chose de nouveau, en rompant radicalement avec tout ce qui précède. En théologie*, il est dit que Dieu* a créé le monde*, afin de souligner que l'apparition du monde, de la vie* et de l'homme est un événement radicalement nouveau. Averroès* au Moyen Âge, Spinoza* dans la philosophie moderne ont contesté l'idée de création, irrationnelle et magique selon eux. Rien ne se fait comme cela ni par hasard*, sauf dans le caprice. Tout ce que fait Dieu est sage et donc nécessaire. Aujourd'hui, le terme de création est utilisé en esthétique* afin d'insister sur le côté inédit de l'œuvre d'art* véritable, qui fait toute l'originalité de celle-ci.

En trois étapes
Kant a souligné que la démarche philosophique passe par trois étapes. Son premier pas est dogmatique et consiste à affirmer quelque chose. Son second pas est sceptique et consiste à douter et à critiquer. Son troisième pas est critique et consiste à énoncer quelque chose avec discernement.

Critique

Critiquer veut dire discerner, et non détruire. Pour Kant*, la critique est l'essence* de l'activité philosophique. Le propre de la philosophie*, en effet, n'est pas d'inventer ni de détruire, mais de remettre de l'ordre* dans les choses* en écartant ce qui est confus pour laisser émerger ce qui est clair et lumineux.

Croyance

La croyance est le résultat du fait* de croire. Elle peut avoir deux sens*.

1) Une illusion*. Croire, c'est imaginer quelque chose à propos d'une réalité* ou d'un événement et adhérer à cette imagination* comme s'il s'agissait de quelque chose de réel, en oubliant qu'il s'agit d'une imagination. D'où l'aspect trompeur des croyances et le refus, pour le penseur raisonnable, de croire en quoi que ce soit.
2) Une foi*. Croire, c'est aussi adhérer à une chose* et, en se liant à elle, lui permettre d'exister. C'est encore avoir confiance en quelqu'un et, en lui faisant confiance, lui permettre d'exister. De ce point de vue, le réel comme la relation* avec autrui* s'humanisent grâce à une foi les faisant vivre.

Culture

La culture désigne trois choses.
1) Un fait* que l'anthropologie* étudie. L'homme est un être* de culture et pas simplement de Nature*. Il rompt avec la Nature du fait de la prohibition de l'inceste et de la violence*. Du fait aussi du langage*, de la technique* et du droit*, grâce à quoi il organise sa vie*.
2) Un capital symbolique. La culture, c'est toute la mémoire* d'un peuple. Toute la mémoire aussi d'un individu*. À travers des traditions, des coutumes, des habitudes, un imaginaire*. La culture fait régner une certaine sensibilité*. C'est elle qui permet aux individus de se lier. C'est parfois elle qui divise la société*.
3) Une posture philosophique. Ce qui a de la valeur* se cultive. Cultiver veut dire avoir soin de. Avoir le souci de. De ce point de vue, la culture est au fondement* du lien que l'homme peut avoir avec l'existence*.

L'homme, un être de culture

Pour Heidegger, la culture est fondement de l'existence humaine. Car la position de l'homme dans la vie est celle du soin et du souci de lui-même. L'homme est un être de culture parce que l'homme est d'abord celui qui se soucie de son existence.

Cynisme

Le cynisme désigne deux choses.
1) Une attitude dépourvue de tout sens* moral*. Égoïste et arriviste, le cynique est celui qui emploie tous les moyens pour parvenir à son but, sans aucun scrupule, en faisant fi de toute considération humaine.
2) Une attitude philosophique. Au cours de l'Antiquité, un sage, Diogène (v. 410-v. 323 av. J.-C.), a développé une sagesse* dite « cynique » consistant dans un anticonformisme absolu. Décidé à vivre selon la Nature* et non selon les conventions humaines, celui-ci n'a cessé de tourner en dérision les conformismes de son temps. Il a fait par la même du cynisme un art* systématique de la désillusion. Socrate*, qui pratiquait l'ironie*, était à sa façon cynique.

D

Dasein ▲

Le *Dasein* est un concept* central chez Heidegger*. Le *Dasein*, qui peut se traduire par « l'être*-là » en allemand, renvoie au fait* fondamental de l'existence* humaine. L'homme est là. Présent au monde. Présent à ce qui est. Il est là et non ailleurs. Il est présent et non absent. Pourquoi est-on là ? Pourquoi est-on ainsi présent ? Philosopher, c'est en permanence interroger le *Dasein*. C'est découvrir que nous sommes destinés à être vraiment là.

Déduction ▲

La déduction signifie trois choses.

1) Déduire veut dire tirer les conséquences de quelque chose à partir d'un pur raisonnement. En ce sens, pour Descartes*, la déduction est le modèle parfait de la connaissance*, la raison* ne faisant pas intervenir autre chose que la raison pour connaître.

2) Déduire, qui signifie raisonner, ne veut dire ni induire ni procéder par intuition*. Car l'intuition, qui saisit les choses* immédiatement, ne raisonne pas, et l'induction*, qui a tendance à généraliser un cas particulier, raisonne à partir d'un fait* ou d'une expérience* et non à partir d'une proposition rationnelle.
3) Déduire au sens* de Kant*, c'est, à propos des catégories* de l'entendement*, se demander comment il se fait que celles-ci s'adaptent à la Nature*.

Définition

La définition, comme son nom l'indique, veut dire deux choses.
1) Énoncer ce qu'est une chose*. Sa Nature*. Son essence*. Sa qualité* spécifique.
2) Définir les limites d'une chose en séparant ce qu'elle est de ce qu'elle n'est pas.

Démocratie

La démocratie désigne un régime politique dans lequel le peuple est souverain. Il convient de distinguer la démocratie antique de la démocratie moderne. Dans la démocratie antique, l'accent est mis sur la délibération. Est démocratique le fait que le peuple, réuni en assemblée, délibère à propos des affaires de la cité*.
Dans la démocratie moderne, l'accent est mis sur la liberté*. Est démocratique le fait que l'on puisse faire ce que l'on veut en jouissant d'une liberté tant politique qu'économique. Notons qu'au cours de la modernité on a vu s'affronter les démocraties populaires et les démocraties libérales, les démocraties populaires défendant la souveraineté* du peuple,

incarnée par un parti du peuple au pouvoir, et les démocraties libérales mettant en avant la liberté et en particulier la liberté du marché (qui réside dans la liberté d'entreprendre).

Démonstration

Démontrer n'est pas montrer quelque chose en se contentant de l'indiquer, c'est expliquer* ce que l'on montre en faisant comprendre*, en particulier, pourquoi ce que l'on montre est ainsi et ne peut pas être autrement.

L'indéfinissable
Pascal a indiqué l'idéal de la raison : « T*out définir. Tout démontrer* », pour mieux rappeler que l'on ne peut pas tout définir ni tout démontrer. Il y a de l'indéfinissable et de l'indémontrable.

DESCARTES (René)

Descartes (1596-1650), né en France, est le père du rationalisme* moderne. Ce qu'on appelle le cartésianisme, et qui est issu de Descartes, se fonde sur trois idées* majeures.
1) La conscience*. Il faut juger des choses*. Penser par soi-même. Et non se laisser penser par l'extérieur. L'homme a un moi* irréductible qu'il ne peut nier. Il faut qu'il apprenne à se fonder sur lui-même. Car c'est en pensant personnellement que l'on pense tout court.
2) Le mécanisme*. Le monde* n'est ni incompréhensible ni obscur. Il peut se comprendre* en étant ramené à des éléments simples, pour peu que l'on conduise son esprit* avec méthode*. Il ne faut pas avoir peur de comparer la réalité* avec une machine ; la machine, avec ses mécanismes débouchant sur des automatismes, étant l'image* la plus commode pour saisir la liberté* propre aux choses.
3) La générosité. S'estimer soi-même conduit non pas à l'égoïsme mais à l'ouverture sur autrui*. Car s'estimer ne veut pas dire se surestimer et donc sous-estimer les autres.

Descartes, vu par Hegel
Hegel a dit de Descartes : « *C'est le héros des Temps modernes.* » Hegel a pensé que Descartes était un héros, car penser par soi, c'est montrer que l'homme peut être capable d'absolu à l'intérieur de lui-même.

L'homme peut transformer le sentiment qu'il a de lui-même, qui est souvent une passion* égoïste, en un sentiment positif.

Désir

Le désir désigne trois choses.

1) Le manque. Désirer, c'est être attiré par quelque chose ou par quelqu'un parce que l'on éprouve le besoin* et le manque de cette chose ou de cette personne. D'où un effort pour l'attirer à soi. Parce que le désir consiste à dépendre des choses* ou des autres et à vivre à l'extérieur de soi parfois en esclave, Platon* a critiqué le désir et enseigné à s'en affranchir.

2) L'affirmation de la vie*. Désirer, c'est vouloir quelque chose parce que la vie nous intéresse, par opposition au fait de ne rien vouloir parce que rien ne nous intéresse et que l'on est blasé. En ce sens*, le fait d'être attiré par et de vouloir attirer à soi peut être un élan positif témoignant d'un réel lien avec la vie. Aussi Spinoza* a-t-il vu dans le désir un effort pour persévérer dans l'être*.

3) Une affirmation de l'esprit*. Le désir n'est pas seulement porteur de vie, il est porteur d'absolu*, comme l'a montré Hegel*. Car à travers le désir de l'autre, c'est l'ouverture au caractère fondamental de la vie qu'il manifeste. L'homme découvre le sérieux et la profondeur de la vie à travers le désir.

Le destin vu par Hegel

Hegel a dit du destin : « *C'est la conscience de soi-même comme ennemie de soi-même.* » Il a voulu dire par là ce que Freud découvrira plus tard, à savoir que celui qui n'accepte pas sa vie et ce qu'il est est amené à les subir.

Destin

Le destin signifie deux choses.

1) La fatalité*. L'homme écrasé par la fatalité – sous la forme d'une succession de malheurs – conclut à une sorte de malédiction de la vie* à son égard, qu'il baptise destin. Il pense que la vie lui en veut à travers les épreuves qu'il subit.

2) La destination. Si l'homme n'est pas forcément soumis à un destin qui a décidé de sa vie à sa place, il a en revanche une destination, au sens* où il est destiné à quelque chose. En particulier à vivre et à exister dans la vie.

Déterminisme ▲

Le déterminisme est la doctrine consistant à affirmer que les choses* sont déterminées. Au fondement* du rationalisme* et de la science*, le déterminisme repose sur trois articles fondamentaux.
1) *Natura non fecit casus*, « La Nature* n'agit pas par hasard. »
2) *Natura non fecit fatum*, « La Nature n'est pas gouvernée par un destin*. »
3) *Natura non fecit saltus*, « La Nature ne fait pas de saut. »
Cela signifie que la Nature est explicable. On peut en rendre raison et en faire la science. Elle n'est pas irrationnelle. En outre, ce qui l'explique n'est pas une nécessité* aveugle comme celle du destin, mais un principe* intelligent, parfaitement accessible à l'intelligence* et ne contrevenant jamais aux exigences de la raison*. Enfin, ce qui explique la Nature est cohérent et structuré. Tout suit une logique* interne. Rien ne provient d'éléments extérieurs surgissant de façon arbitraire sans que l'on sache pourquoi.

Devenir

Le devenir est un principe* de mouvement de la réalité*, qui signifie que la réalité n'est pas statique mais qu'elle se transforme en devenant autre et donc en prenant des aspects nouveaux.

Être et devenir
Affirmé par Héraclite au cours de l'Antiquité et par Hegel ainsi que Nietzsche au cours de la modernité, le devenir s'oppose aux philosophies de l'être et de l'éternité en affirmant la valeur de l'histoire et du temps.

Devoir

Le devoir vu par Kant
Kant a distingué le fait d'agir par devoir et celui d'agir pour le devoir. Celui qui agit par devoir se conforme au devoir de l'extérieur. Il se donne l'apparence de la moralité par intérêt. Celui qui agit pour le devoir se conforme au devoir de l'intérieur. Il fait passer le souci pour la morale avant son intérêt propre.

Le devoir est une action que l'homme doit faire et qu'il fait en étant soumis non pas à une contrainte extérieure violente mais à une obligation intérieure librement assumée. Le propre de l'homme est d'agir par devoir. Car le propre de l'humanité* réside dans le fait de penser que la vie* prend son sens* par le fait de s'élever au-dessus de la Nature* au lieu de s'y conformer. Comme, dans la vie morale, c'est la morale* qui comprend la Nature et non la Nature qui comprend la morale, les propositions morales s'énonçant sous forme* de devoir ne sont pas explicables. La Nature n'en rend pas compte. Leur rationalité provient, dès lors, du fait que celles-ci sont posées sous la forme de principes* s'exprimant à travers la formule « *Il faut* ». Par le fait de se dire, à certains moments de la vie, « *Il faut* » nous humaniser au lieu de nous déshumaniser, nous sommes fondés à dire que le devoir n'est pas arbitraire. *A contrario*, le fait d'agir sans principe montre bien que l'absence de devoir et d'obligation déshumanise. Celui qui n'a pas le sens du devoir et qui ne s'oblige à rien, vit dans un égoïsme aveugle.

Dialectique ▲

Dialectique vient de dialogue et désigne le fait de parvenir à s'accorder avec l'autre* à travers une discussion réduisant peu à peu les oppositions de points de vue, après les avoir fait apparaître. La dialectique peut être envisagée cependant de trois façons différentes.

1) Platon* a critiqué une dialectique comme celle des sophistes* consistant à venir à bout de toutes les contradictions* en se faisant fort de démontrer tout et le contraire de tout. À cette dialectique

sophistique, il a opposé une dialectique ascendante et descendante allant des choses* aux idées* et des idées aux choses. Et ce afin de distinguer le dialogue qui éduque de celui qui joue avec tout.
2) Kant* a désigné par dialectique ce qui arrive à la pensée* quand elle s'aventure dans des domaines métaphysiques qui sont hors de sa compétence. Celle-ci tombe dans des discussions sans fin où toutes les thèses, toutes les antithèses sont valides, aucune expérience* ne pouvant venir vérifier ce que l'on avance.
3) Hegel* a vu dans la dialectique la logique* même à l'œuvre dans la réalité*. La réalité est dialectique, car le réel étant l'action de rendre une chose réelle, il est dialogue avec la pensée afin de déboucher sur un réel réfléchi, à savoir le réel plein de sens*.

Dieu ▲

Dieu a été défini par la théologie* du Moyen Âge comme l'être* par excellence, dont tous les êtres dérivent sans que lui-même ne dérive de rien.
On peut concevoir Dieu de trois façons.
1) Comme substance*, c'est-à-dire comme réalité* par excellence subsistant par elle-même.
Chez Aristote*, Dieu est la réalité par excellence, cause* de toutes les autres réalités. La vision aristotélicienne de Dieu est voisine de l'approche intuitive consistant à dire que le monde* n'a pas pu venir de rien et qu'il doit y avoir « quelque chose » au-delà de la vie* que l'homme connaît.
Cette approche est une approche physique de Dieu. La tradition philosophique parle d'une approche cosmologique et physico-téléologique (où Dieu est indiqué par l'ordre* du monde, qui ne vient pas du hasard* et qui ne fait pas n'importe quoi).

2) Comme sujet*. Pour Descartes*, si nous examinons nos pensées*, nous nous apercevons que nous avons en nous, qui sommes finis, l'idée de Dieu qui est infinie. Puisque ce qui est fini ne peut produire ce qui est infini, il faut bien conclure que c'est un être infini qui a mis en moi l'idée* de l'infini*. Nous avons conscience* de Dieu, parce que Dieu qui est une conscience infinie nous donne l'idée de son existence*.
La démarche cartésienne est proche de l'attitude qui consiste à se sentir guidé par une perfection.
3) Comme révélation. S'il y a un Dieu des philosophes, il y a aussi un Dieu des religions*, qui est le Dieu de la foi*. Avoir la foi, c'est croire non seulement que Dieu existe, mais que l'homme peut rencontrer Dieu en menant une vie obéissant aux préceptes de la religion. Dans la foi, c'est Dieu qui enseigne à l'homme ce qu'il est en se découvrant à lui à travers une rencontre personnelle. Ce n'est pas l'homme qui découvre Dieu par sa raison*.

Le Gai Savoir
Nietzsche, dans cet ouvrage, a proclamé la mort de Dieu. Loin d'être une déclaration de guerre contre Dieu, la mort de Dieu renvoie à la décadence de la civilisation moderne qui a perdu le sens d'une vie divine, c'est-à-dire d'une vie extraordinaire.

Différence

La différence renvoie à ce qui est autre par opposition à ce qui est toujours le même. Si l'on trouve des philosophies* de l'identité* qui sont des philosophies de la connaissance* s'efforçant de parvenir à identifier les choses* et les êtres* en se les représentant, on trouve aussi des philosophies de la différence, qui sont des philosophies de la création*, à la recherche de ce qui est inventif et créateur, singulier et original.

Dionysos

Dionysos, dans la mythologie grecque, est le dieu du Vin et de l'Ivresse. Il est de ce fait le dieu des passionnés et des poètes, qui se trouvent en se perdant. Nietzsche* a opposé Dionysos à Apollon* (le dieu de la Lumière et de la Vérité*), afin de souligner la nécessité* de retrouver un principe* de démesure par rapport à un principe de mesure, qui a trop tendance à diriger la sagesse*. Il peut y avoir une vertu* de la démesure. La création*, par exemple, implique des risques. Donc, un principe dionysiaque.

« *Il faut vivre dangereusement.* » C'est ce que Nietzsche s'est écrié afin de retrouver un rapport au risque qu'il jugeait créateur. Car c'est en se dépassant par le fait de se laisser inspirer par le langage, que le poète, par exemple, parvient à créer.

Dogmatisme

Le dogme désigne, en théologie*, l'ensemble des articles de la foi*, qui sont par définition indiscutables, puisqu'ils sont de l'ordre de la foi. Par extension, le dogmatisme désigne le fait* d'affirmer quelque chose, sans le démontrer. Le dogmatisme, dans certains cas, relève d'une attitude négative qui consiste à asséner un certain nombre de choses* d'une façon autoritaire et péremptoire.

Doute

Douter veut dire ne pas adhérer à une idée*, une opinion* ou un fait*, sans se poser toutes sortes de questions* à leur sujet. Chez Descartes*, le doute est à distinguer du doute psychologique, qui est un manque de confiance en soi. Le doute relève d'une méthode* consistant à extirper de soi tout ce qui fait que l'on adhère à une pensée* par précipitation ou préjugé* au lieu de penser.

Droit

Le droit désigne trois choses.
1) Le contraire* du courbe. Le droit est une vertu*. La rectitude est le fait de ne pas faire de compromis. De ne pas céder, s'agissant de ce qui est essentiel. De se tenir droit, sans fléchir.

Droit naturel et droit positif
On distingue, à propos du droit, le droit naturel, qui est inné, du droit positif, qui est institué. Le droit naturel a souvent servi à exprimer les revendications fondamentales de l'humanité. Bien qu'établi par la raison, le droit positif a souvent fait le jeu d'un relativisme destructeur.

2) Le droit est le contraire du fait*. On peut se régler sur ce qui est. Ce qui débouche sur une attitude conformiste, fataliste et lâche. Ou bien, on peut se conformer à ce qui doit être. Ce qui est une attitude personnelle, libre et courageuse. Poser la question du droit, c'est voir la réalité* du point de vue de l'homme et non l'homme du point de vue de la réalité et de ce qui se fait.
3) Le droit est le contraire de l'irrationnel*. Se rapporter au droit, c'est entreprendre de régler les relations* entre les hommes par la raison*. C'est le fait que le droit se fonde sur la raison par la raison qui donne toute sa légitimité au droit.

Durée

La durée est l'un des aspects du temps*. Elle consiste dans le fait que, dans le temps – sans être de l'éternité* –, il y a du temps qui se conserve, grâce à la mémoire* qui est la faculté de la vie* et de l'homme de conserver ce qui passe. Concept* central chez Bergson*, la durée permet de comprendre comment, de l'intérieur de la vie qui passe, il peut y avoir quelque chose qui demeure. Entre l'instant et l'éternité, il y a la durée.

E

Échange

L'échange désigne trois choses.
1) Une relation* fondamentale. Ainsi que l'a montré Marcel Mauss (1872-1950), l'un des fondateurs de la sociologie moderne, toute relation sociale se fonde sur la réciprocité. C'est la réciprocité qui donne à la société* sa rationalité et, en particulier, sa rationalité économique, juridique et sociale.
2) Un rapport économique. L'échange, qui est au cœur des relations économiques, s'exprime par l'argent qui est, selon Marx*, un équivalent général des marchandises favorisant l'échange de celles-ci.
3) Une illusion* possible. L'échange peut masquer une illusion. On peut être amené, au cours de l'échange, à traiter comme équivalentes des marchandises qui ne le sont pas. On a alors affaire à une mystification. La valeur* d'échange peut masquer la valeur d'usage. D'où la nécessité d'apercevoir que la valeur d'échange ne rend pas forcément compte de la valeur réelle des choses*.

Éléates

Élée est une ville d'Italie du Sud où la philosophie* est née. Si les premiers philosophes d'Asie Mineure, tel Héraclite*, se sont intéressés à la recherche des principes* fondant la réalité* matérielle des choses*, les Éléates, sous l'impulsion de penseurs tels que Pythagore et Parménide*, se sont intéressés aux idées* et aux abstractions*. Ils ont soutenu que la réalité est guidée par des principes purement intelligibles. L'idée d'abstraction est restée attachée à la pensée* éléatique.

Empirisme

L'empirisme désigne l'un des courants majeurs de la philosophie* qui se fonde sur l'expérience*. À l'idéalisme* qui prétend pouvoir connaître la réalité* rien que par la pensée*, l'empirisme oppose l'idée* qu'il faut recourir à des expériences pour pouvoir connaître. Car :

– le réel n'est pas ce que l'on croit. Il est multiple. Pour le découvrir, il faut donc aller à sa rencontre par des expériences ;

– on ne connaît donc pas tout par le simple fait de penser. Ce qui serait une illusion* ;

– il convient d'avoir une expérience vécue et sensible de la réalité, afin d'éviter les illusions de la pensée idéaliste.

Les trois phases de l'empirisme

L'empirisme est né dans l'Antiquité avec Aristote. Dans la philosophie moderne, c'est David Hume qui lui a donné ses fondements. Au cours du XXe siècle, c'est Wittgenstein, autour du cercle de Vienne, qui s'en est fait le porte-parole.

En-soi

L'en-soi, c'est ce qui a une réalité* et une vérité* intrinsèques, indépendamment de ce que l'on peut en penser. Par extension*, l'en-soi désigne ce qui n'est pas encore manifesté et révélé. L'en-soi s'oppose au pour soi*, qui désigne ce que le moi* pensant peut s'approprier et penser*.

Entéléchie ▲

L'entéléchie désigne l'énergie pleinement agissante. Chez Aristote*, l'entéléchie désigne l'être* pleinement en acte*.

Entendement

L'entendement désigne la faculté que l'homme peut avoir d'entendre et de s'entendre avec, c'est-à-dire de se relier aux choses* en saisissant leur identité* et de se relier aux autres en faisant émerger des points communs avec ceux-ci. Si la raison* est la faculté des principes*, qui nous donne des raisons d'être*, et donc des fondements*, l'entendement est l'intelligence* qui nous permet de nous accorder avec ce qui est, ainsi qu'avec autrui*.

ÉPICTÈTE

Épictète (v. 50-v. 130) est l'une des grandes figures du stoïcisme*. Toute sa philosophie* peut se résumer à ces premiers mots de son célèbre *Manuel* : « *Il y a les choses* qui ne dépendent pas de nous ; il y a les choses qui dépendent de nous.* » Ce qui ne dépend pas de nous, ce sont le corps*, les richesses et les honneurs. Ce qui dépend de nous, ce sont les représentations* que nous nous faisons des choses. Si nous changeons nos jugements* sur les choses au lieu de vouloir changer les choses qui dépendent d'une loi* de causalité voulue par la providence* des dieux, nous serons sûrs de ne pas nous révolter inutilement à propos de ce qui arrive, et donc d'être heureux.

ÉPICURE

Épicure (341-270 av. J.-C.) est le fondateur de l'une des grandes sagesses* de l'Antiquité : l'épicurisme. Désireux de montrer aux hommes qu'ils avaient

Plaisir et sobriété

L'épicurisme n'est pas l'hédonisme, qui est le culte du plaisir mené jusqu'à l'ivresse, mais la sobriété dans le plaisir. Car l'ivresse, qui rend malade, tue le plaisir alors que la sobriété, qui préserve la santé, conserve le plaisir.

tout en eux et qu'il était vain d'attendre un quelconque miracle venu de l'extérieur, Épicure a développé une vision matérialiste de la réalité* réduisant celle-ci à des atomes* et à du vide, afin d'indiquer que la Nature* peut fort bien s'organiser par elle-même. L'homme, qui est fait à l'image* de la Nature, peut aussi s'organiser par lui-même. Dès qu'il le comprend*, en réalisant que tout est donné dans son corps*, il devient heureux.

Épistémologie

L'épistémologie est la science* qui étudie la science à partir de l'histoire* des sciences. Rationalistes convaincus, les épistémologues comme Bachelard* soutiennent que l'étude de la raison* ne passe pas par l'étude de la métaphysique* mais par celle de la science et de son histoire, la science et l'histoire des sciences étant les seules à être habilitées à nous dire ce qu'il en est de la raison.

Épochè

Épochè signifie « mise entre parenthèses ». Pour connaître, il faut mettre entre parenthèses le superflu et garder l'essentiel. Cette attitude de détachement critique et rigoureux a été pratiquée par les sceptiques de l'Antiquité. Elle a été reprise par Husserl*, le fondateur de la phénoménologie* qui, en pratiquant l'*épochè*, a cherché à s'affranchir de toute attitude naïve et naturelle à l'égard de la connaissance*, afin de ne laisser subsister que le moi* pensant.

Équité

Est équitable le fait de rendre à chacun ce qui lui revient selon son mérite. Si l'égalité reconnaît à chaque homme un droit* à l'existence*, l'égalité ne suffit pas pour fonder la justice*. Encore faut-il reconnaître les mérites de chacun, le droit à l'existence ne faisant pas le mérite.

Erreur

L'erreur se distingue de la faute*. Si la faute renvoie à la transgression d'une loi*, l'erreur relève du mauvais usage du jugement*. Pour Descartes*, nos erreurs proviennent d'un manque de méthode*. Au lieu de diriger nos pensées* avec soin, nous nous laissons mener par la précipitation et les préjugés*.

Esclavage

Être esclave consiste à ne plus s'appartenir, mais à appartenir à un autre. Il existe plusieurs formes* d'esclavage. L'esclavage antique, où un homme appartient à un autre homme qui en use comme bon lui semble. L'esclavage moderne, où les conditions de travail* réduisent un homme à être l'instrument d'un système* de production* économique. Enfin, l'esclavage psychologique, qui relève de la dépendance.

Drogue et esclavage
La drogue, par exemple, qui crée une dépendance à l'égard de certaines substances, est un esclavage. D'où l'illusion consistant à croire qu'elle libère alors qu'elle asservit. On est d'autant plus esclave de la drogue que l'on croit à sa vertu libératrice.

Espace ▲

La réalité* se manifeste de façon visible en s'étendant. L'espace est l'expression de ce déploiement. Aussi Descartes* a-t-il désigné l'espace sous le nom d'étendue. Cela dit, l'espace ne se limite pas seulement à cet aspect de la matière*. L'homme, qui vit dans le monde*, a besoin d'habiter le monde. Ce qu'il fait en délimitant un espace qui devient le lieu dans lequel il se situe. L'espace peut donc désigner, ainsi que l'a vu Aristote*, le lieu, la place de quelque chose, ce qui permet de la situer. L'espace peut renvoyer aussi à un intervalle. À un entre-deux.

Esprit et liberté
Hegel a fait de l'esprit le centre de sa pensée, afin de montrer que la véritable intelligence humaine n'est pas une faculté technique mais un pouvoir de liberté face au monde.

D'où une relativité de l'espace selon les rapports des choses* entre elles et leurs agencements. Enfin, l'espace peut être envisagé non pas comme une chose, mais comme un sens*. C'est ce qu'a voulu dire Kant* en faisant de l'espace une forme* de la sensibilité* *a priori**. Ce n'est pas l'espace qui fait l'homme, mais l'homme qui fait l'espace. À partir de la capacité qu'il peut avoir de se sentir dedans.

Esprit

L'esprit désigne trois choses.
1) Un souffle. L'esprit vient de *spiritus* qui, en latin, veut dire « souffle ». L'homme a une intelligence* qui lui permet de comprendre* le monde*, mais aussi de s'en libérer.
Quand l'intelligence devient une faculté pratique de liberté* et non plus une faculté théorique d'explication de la réalité*, on a affaire à l'esprit.
2) L'esprit renvoie au sens*. À ce qu'il y a derrière les choses*. Par opposition à ce qui est premier. Terre à terre. À la lettre. L'esprit d'une chose, c'est sa signification symbolique, à laquelle on accède par le concept*.
3) L'esprit enfin, c'est l'humour, cette capacité de retourner la violence* en riant de soi ou des situations, au lieu de se fâcher.

Spinoza et l'essence
La philosophie de Spinoza est par excellence une philosophie de l'essence, Spinoza s'étant attaché à montrer que tout a une Nature, en vertu du fait que tout est nécessaire, rien ne venant par hasard.

Essence

L'essence désigne la Nature* d'une chose*. Son caractère invariable, qui la définit en tant que telle. Les pensées* de l'essence sont des pensées logiques, attachées à connaître la Nature des choses.

Esthétique

L'esthétique est la discipline qui étudie le goût* et la sensibilité*. L'esthétique implique une vision subjective et sensible du beau*, où le beau est davantage appréhendé comme goût que comme beau. L'esthétique renvoie à une vision humaniste du beau, par opposition à des approches métaphysiques du beau, comme celle que l'on trouve chez Platon*, où le beau est l'expression d'une réalité* métaphysique et non pas humaine.

Baumgarten et l'esthétique
C'est le penseur allemand Alexander Baumgarten (1714-1762) qui, pour la première fois en 1750, a utilisé le terme d'esthétique.

Étant

Terme central dans la pensée* de Heidegger*, qui désigne la façon sous laquelle une chose* se présente à nous sous sa forme* concrète. Le propre de l'homme, qui est d'être là, est d'avoir affaire à un monde* déployant des étants sous la forme de réalités* concrètes manifestant chacune sa façon d'être concrète.

État

L'état est la forme* que prend une réalité* mais aussi son fonctionnement, puisqu'on parle de l'état d'une chose* pour désigner sa façon d'être*, et que l'on dit qu'une chose est en état pour indiquer qu'elle fonctionne. Par extension*, l'État désigne l'organisation rationnelle qu'une société* évoluée se donne, à travers des institutions marquant la volonté* de cette société de se diriger consciemment. Manifestation de la rationalité* d'une société, l'État est un concept*. Souvent confondu avec le gouvernement, l'État est critiqué, et libéraux comme anarchistes rêvent de le détruire sans se demander comment il sera possible d'organiser rationnellement la société. Aussi Hegel* a-t-il plaidé pour l'État en soutenant que la défense de la raison* et celle de l'État sont indissociables.

Totalitarisme et État
Hannah Arendt (1906-1975) a fait remarquer que la notion d'État totalitaire n'avait aucun sens. Car, alors qu'un État est rationnel en respectant la raison, un État totalitaire est irrationnel en mettant les intérêts d'un parti au-dessus de toute raison. Ce qui est contraire au concept d'État.

Éternel retour

C'est ce qui revient toujours et qui, en revenant toujours, confère une structure* circulaire au temps*. Les stoïciens (*voir* stoïcisme*) ont eu une conception cyclique du temps en voyant dans l'éternel retour des choses* un signe d'harmonie et surtout d'appartenance des choses à l'être*. Nietzsche* a fondé toute sa philosophie* sur l'éternel retour, afin de lutter contre l'idée* de progrès*.
Et surtout, afin d'indiquer que l'être et la divinité que la métaphysique* recherche sont en réalité au cœur des choses douées d'une permanence interne.

Éternité

L'éternité est ce qui n'a ni début ni fin. L'éternité, qui échappe à toute limite, n'est pas de l'ordre d'une quantité* infinie d'instants mais relève de la liberté*. Elle se distingue de l'immortalité qui a un début mais pas de fin.

Éthique

Éthique vient de *ethos* en grec, qui veut dire « comportement ». L'éthique est la discipline qui réfléchit sur les comportements afin de trouver le plus adapté d'entre eux face à une situation. Partant d'une réflexion sur ce qui existe, et non de principes* comme la morale*, l'éthique poursuit le bonheur*, à la différence de la morale qui s'intéresse à la vertu*.

L'éthique face à la morale
Spinoza a écrit une *Éthique* et non une morale. Car il pensait que le bonheur rend vertueux. Si l'on est heureux, on n'a pas l'idée de mal faire. Donc on n'a pas besoin de se soumettre à des principes ainsi qu'à la vertu.

Être ▲

L'être désigne trois choses.
1) Une réalité*. Pour dire qu'une table existe, on dit qu'elle est. L'être renvoie à ce qui a une réalité.
2) Une relation*. L'être permet d'identifier une chose*. De dire ce qu'elle est, en reliant celle-ci (dite sujet*

en logique*) à ses qualités* (dites prédicats* en logique). Grâce à l'être, on peut réfléchir. L'être renvoie à la pensée* et pas seulement à la réalité. 3) L'être désigne la plénitude. L'accomplissement. Être, c'est être pleinement soi. La plénitude se rencontre lorsqu'il y a pleine réalité, pleine pensée et pleine unité de la réalité et de la pensée.

Être et philosophie
Heidegger, après Leibniz et Schelling, s'est posé comme question le fait de savoir pourquoi il y a quelque chose et non pas rien. Car penser, c'est s'étonner devant l'être.

Événement

L'événement est ce qui arrive. L'événement est aussi ce qui est hors du commun et donc mémorable. La pensée* s'intéresse à l'événement parce que celui-ci renvoie à une logique* ouverte du réel, où tout n'est pas décidé à l'avance. Il y a de l'inédit. De la nouveauté.

Évidence

Est évident ce que l'esprit* reconnaît comme étant immédiatement vrai. Une évidence saute aux yeux. Il suffit de la voir. Descartes* a fait de l'évidence le fondement* de la vérité*. Car l'évidence étant le rapport que la conscience* entretient avec elle-même, ma conscience est pour moi toujours évidente, étant donné que, quand je pense, il est évident que c'est moi qui pense. Si je peux avoir avec le réel la même intimité qu'avec moi, je serai sûr de ne pas me tromper.

Évolution

Évoluer veut dire changer, se transformer et finalement progresser. Les doctrines évolutionnistes comme celles d'Auguste Comte* ou de Charles Darwin (1809-1882) croient au progrès* de l'humanité* à travers des transformations successives qu'il importe d'étudier.

Existence

Exister veut dire sortir de soi. Se manifester. Vivre au sens* plein du terme, donc en manifestant ce que l'on est. Si l'homme a besoin* de vivre, au sens biologique du terme – ce qu'il fait en assurant sa survie –, il a aussi besoin d'exister, c'est-à-dire de vivre pleinement en manifestant ce qu'il est dans toute sa plénitude. L'existence a un caractère irréductible que l'on peut ressentir au contact de la mort*. L'homme, en effet, ressent la mort comme une question*, parce qu'il est un être* existentiel qui recherche la liberté*, et non simplement un être biologique.
Cette quête d'existence qui l'amène à réagir à la mort lui fait découvrir qu'il y a une autre face de la vie*. Il ne rechercherait pas ainsi à exister si l'existence n'était pas au fondement* de la vie sous la forme* de Dieu* – pour Kierkegaard* –, de la liberté – pour Sartre*. Kant* a souligné ce caractère irréductible de l'existence en faisant remarquer que l'existence n'est pas la propriété d'une chose* que l'on pourrait déduire par une analyse* de celle-ci. En ce sens, l'existence ne se prouve pas. Elle se constate et s'éprouve. Sans être explicable, elle n'en est pas moins à la source d'un certain nombre de démarches dans le langage* et la pensée*.
On peut décrire l'existence à défaut de l'expliquer*.
On peut en témoigner.

Hegel et la logique de l'existence
On peut aussi penser comme Hegel qu'il y a une logique de l'existence, l'esprit et le devenir réel revenant au même.

Existentialisme

L'existentialisme est l'un des grands courants de la pensée* moderne. Né sous l'impulsion du danois Kierkegaard*, l'existentialisme place l'existence* au fondement* de la démarche philosophique. L'homme n'est pas un être* théorique. S'il entreprend de penser, ce n'est pas pour avoir une science* et une explication du monde*, mais pour trouver une réponse aux problèmes* fondamentaux de son existence, qui sont ceux posés par la souffrance, le mal* et la mort*. De ce fait, c'est parce qu'une réponse lui permet d'exister que la vie a du sens*, et non parce qu'il possède une explication du monde qu'il se sent exister. D'où l'idée* centrale de l'existentialisme soulignant que l'existence précède l'essence* et non l'inverse.

Les existentialismes
L'existentialisme se compose de plusieurs courants. À côté de l'existentialisme chrétien de Kierkegaard, on trouve l'existentialisme athée de Sartre, ainsi que celui de Heidegger.

Expérience

L'expérience désigne trois choses.
1) Un certain rapport à la connaissance*. Pour connaître la vérité*, qui est accord entre la pensée* et le réel, on peut ramener le réel à la pensée ou ramener la pensée au réel. L'expérience consiste à ramener la pensée au réel par l'observation* de ce qui est et la confrontation entre la pensée et l'observation.
2) Une critique* de la connaissance. Mettre en avant l'expérience, c'est critiquer l'idéalisme* de la pensée qui pense pouvoir connaître le réel *a priori**. Pour les philosophies* de l'expérience, le réel n'est pas ce que l'on croit, et seule l'expérience peut nous aider à le découvrir. D'où l'idée d'un réel imprévisible et multiple.
3) Un engagement. L'expérience est prônée par les philosophies existentielles, pour lesquelles les questions* philosophiques doivent d'abord être vécues et s'adresser au vécu.

Expérience et liberté
Hegel a sous-titré *La Phénoménologie de l'esprit* – son œuvre majeure – « Science de l'expérience de la conscience », afin de souligner que la vraie conscience n'est pas une faculté théorique, mais un pouvoir de vie et de liberté.

Expliquer

Expliquer veut dire faire apparaître ce qui est impliqué dans un objet* ou un événement*. L'explication procède par analyse*. Par extension*, expliquer veut dire décomposer un objet en ses éléments premiers, afin de voir comment il se compose. Expliquer n'est pas comprendre*. Alors que comprendre fait déboucher sur le sens* et la valeur* donnés aux choses*, l'explication fait déboucher sur le mécanisme* des choses.

Wilhelm Dilthey (1833-1911)
C'est à ce philosophe allemand que l'on doit la distinction entre expliquer et comprendre.

Extension

L'extension renvoie au fait* de s'étendre. L'étendue d'une chose* désigne l'ensemble des relations* que cette chose peut nouer avec d'autres choses. Pour Descartes*, l'étendue désigne l'espace*. L'espace renvoie au pouvoir* qu'a la matière* de pouvoir s'étendre.

F

Fait

Un fait est une réalité* constatable ou un événement* susceptible d'être attesté par plusieurs témoignages. Parce qu'il est vérifiable, un fait donne l'impression d'être le réel même alors qu'il est établi. On ne part pas des faits, on y arrive. En outre, parce qu'il est établi, un fait donne l'impression d'être une valeur*.
Ce qu'il ne peut pas être. Une valeur, en effet, prescrit une conduite et dit ce qu'il faut faire.
Un fait ne prescrit rien du tout. Ou bien il cesse d'être un fait. Seul le renoncement à toute morale* tend à faire passer un fait pour une valeur. Un fait ne démontre rien et ne prouve rien. C'est la pensée* qui interroge les faits afin d'en dégager la signification, qui prouve quelque chose.

Fatalisme

La fatalité vient du terme latin *fatum* qui veut dire « mort* ». Est fatal ce qui entraîne la mort.
Est fataliste le pessimiste qui pense au triomphe inévitable de l'échec et de la mort et qui se résigne à cet échec et à cette mort.

La tragédie théâtrale
Elle figure d'une façon exemplaire le débat de la conscience morale. C'est la raison pour laquelle ce n'est pas un hasard si, dans l'Antiquité, la philosophie, la loi et la tragédie sont apparues ensemble.

Faute

La faute est la transgression d'une loi*. Liée à la conscience* de la loi, la conscience de la faute témoigne de la rationalité du comportement humain – le comportement rationnel consistant à agir d'une façon réglée. S'il existe une culpabilité qui peut être morbide, il existe une culpabilité nécessaire. Être capable de se sentir coupable, c'est être capable de réfléchir sur ses actes*, de se juger et de faire preuve de conscience morale. La loi morale veut que l'on fasse preuve de conscience morale. Aussi transgresse-t-on cette loi à chaque fois que l'on faillit à cette loi.

FICHTE (Johann Gottlieb)

Fichte (1762-1814) est un grand penseur allemand qui s'est fait l'héritier de Kant* en poussant jusqu'au bout les conséquences de son système* et, en particulier, de la subjectivité. D'accord avec Kant et Descartes* pour dire que la pensée* part d'un engagement personnel, Fichte a radicalisé ce rapport de la pensée au sujet*, en faisant du moi* et de la proposition moi = moi le fondement* de la logique* et de la science*.

Moi et logique
La logique repose sur le principe d'identité a = a, qui signifie le refus de toute contradiction. C'est donc logiquement que Fichte a fait du moi le fondement de la logique, puisque c'est l'identité de la conscience avec elle-même qui assure l'identité de la logique.

Finalité

La finalité renvoie à la notion de but et signifie que les choses* vont quelque part, ont une destination. Ne vont pas au hasard*. La réflexion consistant à ne pas se contenter de l'explication par le hasard, la notion de finalité favorise la pensée*.
Aussi n'est-il pas étonnant qu'Aristote* en ait fait un large usage dans sa pensée en avançant, par exemple, que la Nature* ne fait rien en vain. Cela dit, il convient de remarquer que le raisonnement

finaliste peut conduire à voir du sens* partout et à pratiquer un excès de rationalisation. D'où la méfiance de penseurs, tel Descartes*, à l'égard des grandes explications finalistes, et sa préférence pour une compréhension* du mécanisme* des choses, à défaut de la possession de leur sens métaphysique ultime.

Finitude ▲

La finitude signifie deux choses.

1) L'achèvement. Quelque chose est fini quand quelque chose est achevé.

2) La limite. Quelque chose est fini quand quelque chose renvoie à un horizon indépassable. Ainsi, pour Kant*, il y a une finitude de la philosophie*, car la métaphysique* n'est pas susceptible d'être une science*. La finitude de la philosophie moderne renvoie à la conscience* qu'elle a de l'impossibilité de faire de la métaphysique une science.

Signification de la finitude
L'homme n'est pas Dieu et ne peut pas comprendre le monde d'une façon divine. Il peut simplement le comprendre d'une façon humaine. C'est ce que signifie, entre autres choses, la finitude.

Foi

La foi signifie deux choses.

1) Adhérer à. Croire en. Le croyant qui a la foi adhère à l'idée* que Dieu* existe, bien qu'il ne puisse pas démontrer cette existence*.

2) Avoir confiance en. Supporter. La foi est le contraire* de la méfiance. Elle va jusqu'à aider et soutenir. Si donner son adhésion sans comprendre* peut être dangereux, la foi reste cependant indispensable. À un moment ou à un autre, il faut cesser de se méfier et faire confiance, sans quoi on ne fait rien. D'où la possibilité d'envisager le domaine religieux, de ce point de vue, comme horizon de foi dans la vie* et ses possibilités.

Ainsi que l'a dit saint Augustin :
« La foi cherche, la raison trouve. »

Folie

La folie a trois sens.

1) La maladie mentale. La folie est un très grave dérangement de la personnalité. Prenant sa source dans des obsessions ou des angoisses* provoquées par des traumatismes, elle se traduit par un délire. Dans le délire, le fou n'est plus capable de faire la distinction entre ce qui est réel et ce qui ne l'est pas. Il hallucine en donnant une réalité* à ce qui n'en a pas.

2) La démesure. La folie est un excès. Les Grecs ont condamné l'attitude consistant à vivre de façon démesurée en pratiquant ce qu'ils appelaient l'*ubris*. À la démesure qui consiste, pour l'homme, à se prendre pour un dieu, ils ont préféré l'attitude de l'homme cherchant à vivre raisonnablement, c'est-à-dire humainement.

3) Un dépassement. Érasme (v. 1469-1536), le grand humaniste, a fait l'éloge de la folie. Il a vanté les vertus* de la passion* allant au bout des choses* et donné ainsi à la folie le sens* d'un don de soi.

Fonction ▲

Une fonction désigne deux choses.

1) Un rapport. Quelque chose est dit être fonction de quelque chose d'autre, quand cette chose* est relative à une autre chose et qu'elle en dépend, sous une forme* ou sous une autre.

2) Un emploi. Exercer une fonction, c'est exercer un certain emploi et, à travers cet emploi, remplir une utilité.

Toute organisation qui vise à assurer des services le fait par l'intermédiaire de fonctions.

Le « *fonctionnaire de l'humanité* »

C'est ce que Hegel a dit du philosophe, parce que, selon lui, celui-ci aide l'humanité à acquérir la conscience d'elle-même.

Fondement

Toute demeure repose sur des fondements.
Fonder ce que l'on dit, c'est justifier ce que l'on dit en faisant apparaître les bases de ce que l'on avance. C'est rapporter ce que l'on avance à des principes*. Si l'explication vise à décomposer un raisonnement en ses éléments afin de faire apparaître son mode* de fonctionnement d'une façon mécanique, le fondement vise, lui, à justifier d'une façon juridique et morale la pertinence d'une démarche en la rapportant à des principes. Sans que l'on soit forcément d'accord avec un raisonnement, celui-ci peut être néanmoins fondé par les principes qui le guident.
Le fondement préserve la liberté* dans le cadre de la raison*, comme il préserve la raison dans le cadre de la liberté.

La preuve
La preuve n'est pas le fondement ni le fondement la preuve. Un fondement ne prouve rien. Une preuve ne fonde rien. Car, alors que la preuve consiste à aller du fait à la raison, le fondement consiste à aller de la raison au principe.

Force

La force désigne trois choses.
1) Une capacité physique de mobiliser les énergies du corps* et de la vie* afin de transformer celles-ci en capacité d'action et de mouvement.
2) Un usage contraignant et violent du corps afin de briser la résistance des autres corps.
3) Une capacité mentale et morale de maîtrise de soi et, en particulier, de maîtrise du corps et de la violence*.

La force est la vertu même
C'est ce que déclare Machiavel. Car loin d'être violente, la force est l'action consistant à se saisir de sa vie pour faire quelque chose de soi, et ainsi devenir capable de vie à partir de soi.

Forme

La forme désigne trois choses.
1) La caractéristique extérieure de quelque chose. D'où une critique* de la forme, considérée comme superficielle et extérieure, par opposition au fond jugé profond.

2) La structure* qui fait apparaître les choses*.
La forme, en effet, n'est qu'apparemment superficielle, puisque c'est elle qui fait apparaître ce qui est.
On comprend donc, de ce fait, que Platon* ait placé les idées* ou formes au fondement* de la réalité* et qu'Aristote* ait défini tout objet* réel comme étant un composé de matière* et de forme.
3) Une opération de l'esprit*. Un raisonnement peut valoir selon son fond, c'est-à-dire selon son intention, qu'il convient d'expliciter. Il peut aussi valoir selon sa forme, sa structure.
Envisager un raisonnement sous l'aspect de sa structure, c'est-à-dire de sa forme, c'est pratiquer ce que l'on appelle une formalisation.
Formaliser est nécessaire pour faire apparaître la logique* d'un raisonnement et donc sa scientificité.

FREUD (Sigmund)

Freud (1856-1939), né en Autriche, en découvrant l'inconscient* et en fondant la psychanalyse*, a profondément influencé la pensée* du XXe siècle.
On peut retenir trois idées* majeures concernant sa pensée.
1) La notion de refoulement. La vie* psychique n'est pas statique, elle est dynamique.
Et ce parce qu'elle est traversée par un conflit majeur opposant l'individu* à ses pulsions – en particulier ses pulsions sexuelles – et à la réalité* qui l'entoure. De ce fait, l'individu, pour pouvoir vivre avec le réel qui l'entoure, est obligé de refouler ses pulsions, lesquelles ont tendance à revenir sous la forme de rêves*, d'obsessions, parfois de lapsus et d'actes manqués.

2) La notion d'inconscient. Le comportement de l'individu n'est donc pas simple, puisque, dans ce qu'il dit et fait, s'il y a une part apparente et explicite, il y a aussi une part cachée et implicite. Cet aspect caché et implicite des discours et des actes*, c'est ce qu'on appelle l'inconscient. L'in-conscient, c'est ce qui, dans la conscience*, est plus profond que la conscience, sous la forme du désir* profond et pas toujours avoué de celui qui parle et agit. Retrouver ce désir profond, lui permettre de s'avouer, telle est la tâche de la psychanalyse, afin de soulager des hommes et des femmes qui souffrent de ne pas pouvoir s'exprimer.

L'inconscient

Freud a résumé sa doctrine en disant : « *Là où le ça* [l'inconscient] *est, le je doit advenir.* » L'homme doit retrouver son moi vivant au lieu d'être dominé par une illusion sur lui-même.

3) La critique* du moi*. La vie n'est pas ce que l'on croit. Et ce parce que nous ignorons la partie cachée de nous-mêmes. Il convient donc de retrouver cette part cachée, si l'on veut pouvoir accéder à notre personnalité véritable. Et, pour cela, il importe de changer d'attitude concernant notre moi. Il faut accepter d'être parlé et pas simplement de parler. L'homme a une vie en lui qui parle à travers ses désirs et son corps*. Il importe de redonner la parole à cette vie. Face à l'attitude de la raison* qui veut dominer le monde*, la psychanalyse tente d'apprendre à la culture* à écouter le monde.

G

GALILÉE

Galilée (1564-1642), né en Italie, est au fondement* de la science* moderne. On lui doit essentiellement trois découvertes majeures.

1) Une formulation de la loi* de la chute des corps*, et donc du mouvement dans la Nature*, en termes mathématiques. Alors que la physique d'Aristote* était une physique qualitative expliquant le mouvement par l'idée* selon laquelle les choses* tendent à retrouver leur lieu, Galilée explique les mouvements dans la Nature par leur mécanisme*, c'est-à-dire par les chocs des corps.

2) La lunette astronomique. Galilée perfectionne la lunette astronomique. Grâce à elle, il observe des planètes lointaines et découvre que l'Univers n'est pas fini, comme le croyait Aristote. Du monde* clos, il fait passer l'astronomie à un univers infini.

3) Galilée reprend l'idée de Copernic*. Il soutient que la Terre tourne autour du Soleil et non l'inverse. Il affirme en outre que la Terre tourne sur elle-même.

Généalogie

La généalogie est la science* qui permet de retrouver les ancêtres de telle ou telle famille et, par là, de reconstituer sa lignée. Ce terme a été utilisé par Nietzsche* qui en a fait une véritable méthode*, en particulier en morale*. Pour Nietzsche, en effet, la morale ne se fonde pas sur des principes* idéaux ou révélés, mais sur des attitudes psychologiques, dont il importe de reconstituer l'histoire*, en utilisant les ressources de la psychologie* et de la philologie. Sera dite généalogique toute méthode cherchant à retrouver le sens* caché des choses* en prenant des distances avec ce qu'on en dit.

L'approche génétique
En philosophie, une méthode génétique consiste à parler des choses de l'intérieur et non de l'extérieur, en faisant apercevoir leur mode de formation.

Genèse

La genèse désigne le processus de formation d'une chose*, la façon dont elle a commencé. Le livre de la Genèse, dans la Bible, raconte la façon dont Dieu* a créé le monde*.

La théorie du génie
À l'imitation de la Nature où le beau réside dans la retranscription d'un ordre et d'une harmonie donnés avant l'homme, la théorie du génie va faire procéder le beau du génie propre de l'homme. De sa capacité à faire sortir de lui, d'une façon intérieure et inédite, cette harmonie rassemblant les hommes.

Génie

Le génie désigne la capacité d'intelligence* et de création* propre à un individu* ou à un groupe. Capacité spécifique d'intelligence et de création, le génie est aussi une capacité supérieure voire exceptionnelle d'intelligence et de création. L'idée de génie est importante du fait de son rôle dans l'histoire* de l'esthétique*. Lorsqu'il va s'agir d'humaniser le beau*, la théorie esthétique du XVIIIe siècle, à travers Diderot (1713-1784) et Kant*, va recourir au génie.

Genre

Le genre est une dénomination utilisée afin de classer et de ranger les choses* ou les êtres* vivants.

Seront dits appartenir au même genre les choses et les êtres procédant de la même origine* et ayant des traits caractéristiques communs. Le genre, en ce sens*, se rapproche de la notion de famille. On parle du genre humain mais aussi de la famille humaine. L'espèce est un sous-groupe à l'intérieur du genre, qui spécifie le genre. Il n'est pas rare que l'on qualifie l'espèce de genre, afin de la distinguer d'une autre espèce. Dans la hiérarchie* des êtres, l'individu* est l'aboutissement du genre car il n'est pas décomposable en autre chose, et donc spécifiable par autre chose que lui-même. Genre, espèce et individu sont trois des niveaux de classification des êtres vivants depuis Aristote.

Gnose

La gnose désigne deux choses.
1) Au sens* général, la gnose désigne la connaissance*, et la gnoséologie est la science* qui s'intéresse à la connaissance. À la différence de l'épistémologie* qui étudie la structure* de la connaissance à partir de la science, la gnoséologie étudie la connaissance en y incluant la démarche métaphysique ainsi que l'expérience* religieuse.
2) Dans un sens plus particulier, la gnose désigne un courant de pensée* néoplatonicien ésotérique, qui a pris forme* autour du Ve siècle et qui s'est développé jusqu'à l'époque des cathares. L'idée* centrale des gnostiques est qu'il existe deux créations*. La création que nous connaissons, et qui est ratée. Une création plus secrète, que nous ignorons et qu'il s'agit de retrouver en retournant à l'origine*. La connaissance sera donc le processus de retour à l'origine.

La gnose de Princeton
Entre 1970 et 1980, un groupe de savants américains a tenté de montrer qu'il existait une relation entre les vérités de la science et les vérités de la religion. Ce courant a été intitulé la gnose de Princeton.

Différence de goûts
L'expression « *À chacun ses goûts* », ou « *Du goût, on ne discute pas* », concerne davantage l'agréable que le beau. Il convient donc de ne pas mettre sur le même plan le fait de goûter avec plaisir une glace au chocolat plutôt qu'une glace à la pistache et celui d'être saisi par la beauté de l'Acropole. Le propre de l'esthétique comme de la Nature consiste à nous apprendre à faire la différence.

Goût

Le goût est la faculté subjective du beau*.
Avoir du goût, faire preuve de goût, c'est être capable de discerner le beau et de le faire exister.
Kant*, dans la *Critique* du jugement*, a ramené le beau au goût afin d'humaniser le beau en lui donnant une origine* humaine et non plus divine, comme chez Platon* par exemple. Le goût, selon Kant, bien qu'humain, n'est pas particulier mais universel*.
On en trouve la preuve* dans le fait* qu'il permet de réunir les hommes et qu'il est à l'origine* de la culture* qui ne cesse d'en parler.
Par-delà le temps* et l'espace*, le goût se communique.

Grâce

La grâce désigne deux choses.
1) L'élégance. Faire des choses avec grâce, c'est les faire avec légèreté. Sans lourdeur.
Avec donc un maximum d'effets pour un minimum de moyens.
2) La charité. Faire grâce, c'est cesser de persécuter quelqu'un d'une façon impitoyable.
C'est donc rompre le cycle de la violence*.
En théologie*, la grâce divine provient de la miséricorde divine. Dieu* pourrait punir.
Il ne punit pas, mais guérit. C'est là un effet de sa miséricorde.

Grandeur

La grandeur est un terme central chez Pascal*.
Si ordonner consiste à créer de l'unité, ordonner passe aussi par le fait de mesurer, qui consiste à distinguer, de façon à ne pas tout confondre en créant des ordres* artificiels. Ainsi, dans l'ordre, il y a des ordres qu'il importe de hiérarchiser*

en constatant qu'il y a des ordres de grandeur différents. Ainsi la force*, qui a une grandeur (une qualité* propre), n'est pas l'intelligence* qui a sa grandeur propre. De même, il convient de distinguer les grandeurs naturelles des grandeurs d'établissement. Les « grands » de ce monde relèvent de ce qui a été établi. Ils n'ont rien de naturel. La grandeur de l'action morale n'a rien d'établi. Elle relève de l'essence* profonde de l'humanité*.

Guerre

Ainsi que le souligne Hegel*, la guerre est davantage qu'un conflit. Car si le conflit consiste à ne pas être d'accord, la guerre consiste à ne même pas être d'accord sur le désaccord. Aussi la guerre est-elle l'explosion du conflit plus que le conflit lui-même. Ainsi que l'a montré saint Thomas d'Aquin*, il n'est pas possible de condamner unilatéralement la guerre. Car c'est par la guerre que certains peuples se libèrent de l'oppression qui pèse. De ce point de vue, le concept* de guerre juste participe d'une logique* de paix et non de violence*. En outre, la guerre véritable étant avant tout politique, un État* voulant contraindre un autre État à changer de politique, la guerre peut fort bien avoir lieu sans effusion de sang, comme l'a montré Rousseau*. Cela dit, rares sont les guerres qui respectent une logique de paix ainsi qu'une rationalité politique. Au XXe siècle, le massacre de civils ainsi que la pratique de l'extermination ont davantage ramené la guerre au niveau d'un acte* terroriste ou d'un crime pur et simple qu'au niveau d'un acte moral.

Guerre et sagesse

L'un des grands textes de la sagesse universelle, la *Bhagavad-Gità*, se déroule sur un champ de bataille. Alors qu'un prince indien, Arjuna, hésite à livrer bataille contre son frère qui l'a dépouillé de son trône, Krishna, le dieu de l'Amour, lui enjoint de faire la guerre. Car quand on aime et que l'on a des valeurs, il faut lutter pour ce que l'on aime.

H

Habitude

L'habitude désigne deux choses.

1) Le retour d'un acte* ou d'un geste que l'on fait sans y penser. La vie* passe par des habitudes qui sont l'intériorisation d'un certain nombre de conduites facilitant l'adaptation à la vie en société*. On peut dire de l'habitude qu'elle est de l'acquis qui devient de l'inné*, créant ainsi une seconde Nature* dans la Nature.

2) Une habitude peut être un carcan. Une répétition purement obsessionnelle tournant à vide et témoignant d'une incapacité de s'adapter. L'habitude relève alors d'un enfermement destructeur dans un ordre* de conduites inconscientes.

Selon Bachelard

« Une âme habituée est une âme morte ».

L'imprévu
Il fait partie de la vie. Il témoigne de la nouveauté et de la créativité de la vie. Le hasard, pris en ce sens, est une ouverture positive de l'esprit. Une incitation à apercevoir que bien des choses restent à connaître.

Hasard

Le hasard désigne deux choses.
1) Le désordre. Une chose qui survient par hasard n'a aucune nécessité*. Gratuite, arbitraire, elle relève du n'importe quoi et du n'importe comment. Il n'y a rien de pire que de vivre au hasard et d'agir par hasard. Car c'est vivre d'une façon aveugle et irresponsable. En se moquant du monde* et en s'en remettant aux autres ou au destin*. C'est la raison pour laquelle Spinoza* a procédé à une critique* implacable du hasard.
2) L'imprévisible. La vie* est vivante, c'est-à-dire à la fois riche et libre. Aussi trouve-t-on en elle plein de possibles* ainsi qu'une route qui n'est pas tracée d'avance.

HEGEL (Friedrich)

L'un des plus grands philosophes, l'un des plus contestés aussi, Hegel (1770-1831), né en Allemagne, a marqué la pensée* du fait de trois idées* majeures.
1) La négativité*. Les mystiques* comme Maître Eckhart (1260-1327) disent que c'est en se dépouillant que l'homme parvient à Dieu*. Il y a de ce fait une logique* du vide et du néant*. On peut penser en se fondant sur l'être*. Par le plein. On peut aussi penser par le néant. Par le vide. Hegel va explorer cette nouvelle voie négative en y découvrant le moyen de comprendre* comment, de l'intérieur de la réalité* qui semble négative, il y a du positif à l'œuvre.
2) La dialectique*. La vie* qui passe nous mûrit. En nous dépouillant, elle nous construit. Il y a donc du négatif créateur. Le négatif créateur, c'est ce qui nie le négatif destructeur, le négatif statique

qui refuse d'être nié et de se dépouiller. La vie est un long travail* du négatif niant la négation statique afin de retourner le négatif en dynamique.
D'où l'idée d'un grand dialogue, à travers le temps*, de la vie avec elle-même.
Et, par là, d'une structure* dialectique du réel.
3) L'histoire*. Quand le négatif parvient à être la négation du négatif statique, on a affaire à un moment grandiose où le réel est capable de se dépasser. La vie se met à surgir de ce qui semblait la mort*. Un tel retournement est ce que l'on désigne sous le terme d'événement* historique. Tout alors s'éclaire. On comprend pourquoi l'histoire que nous vivons est celle de la liberté* qui se cherche à travers le temps et qui parvient à se trouver, parfois, d'une façon étonnante.

Selon Hegel
« Le temps est esprit. »

HEIDEGGER (Martin) ▲

Heidegger (1889-1976), né en Allemagne, est, sans conteste, l'un des plus grands philosophes du XXe siècle avec Husserl*. Sa pensée* se rassemble autour de trois idées*-forces.
1) La question* de l'être*. Nous sommes. Il y a de l'être. Cet être correspond à la réalité*, à la pensée et surtout à la présence qui émane tant du réel que de la conscience* du réel. Les Anciens s'étonnaient devant l'être. Nous avons tendance à ne plus être étonnés d'être. Il faut retrouver cet étonnement en questionnant à nouveau l'être.
2) La question de la technique*. Questionner l'être implique de changer de mode* de pensée.
Notre pensée est technique. Partout elle recherche ce qui est utile et profitable. Car ce qui domine, c'est l'homme et son désir* de maîtriser le monde*. Face à la technique et à l'humanisme destructeur

qu'il y a derrière elle, il faut que l'homme réapprenne à ne pas tout ramener à l'homme, au profit, à l'utile.
3) La question poétique. Afin de retrouver le sens* de l'être et de ne pas tout ramener à l'homme, il n'y a qu'une issue : retrouver le sens de la vie* en retrouvant le langage* même de la vie à travers la poésie. La poésie fait de l'homme un être réel avec des mots réels. Il faut réapprendre à habiter le monde en poètes, face à l'irréalité d'un monde où domine la violence* de l'argent.

HÉRACLITE

« Deviens ce que tu es. » C'est ce qu'a écrit Nietzsche, qui a lu Héraclite. C'est en devenant que l'on accède à l'être. En entrant dans la vie, le temps, le mouvement.

L'un des pères fondateurs de la philosophie*, Héraclite (576-480 av. J.-C.), né en Grèce, a développé sa pensée* autour de trois idées*-forces.
1) Le *logos**. Le monde* est gouverné par le *logos*, c'est-à-dire par une raison* qui s'exprime dans le langage* et en particulier dans la Nature* qui est un grand langage devenu sensible.
2) Tout change tout le temps*. Tout coule. On ne se baigne jamais deux fois dans le même fleuve. Car tout est vivant. Il y a donc du positif dans ce qui passe. Dans ce qui se transforme, dans ce qui devient autre. Avant Hegel*, Héraclite découvre la force* du négatif.
3) L'être* se rencontre dans le devenir*.
C'est en étant autre que l'on est. Alors que Parménide* pense que le devenir est contraire* à l'être, Héraclite réconcilie l'être et le devenir.

Herméneutique

Science* de l'interprétation. Passant par le fait de traduire sa pensée* pour l'exprimer mais aussi par le fait de traduire la pensée d'autrui* afin d'en saisir le sens* exact, penser, c'est toujours interpréter, et interpréter, c'est avoir conscience*

qu'il n'y a pas de pensée possible sans tenir compte du langage* et de l'altérité*. En ce sens, interpréter revient à soumettre la pensée à un examen critique et, par là même, à penser la pensée.
Une interprétation idéale est impossible.
Car il faudrait pouvoir venir à bout du langage et d'autrui. Il faudrait aussi pouvoir* penser une fois pour toutes. Il faut donc interpréter toujours.

Croire, c'est interpréter
Karl Jaspers (1883-1969), né en Allemagne, a souligné que croire, c'est interpréter. Car, dans l'ordre de la foi, croire revenant à adhérer à, en s'intéressant à, c'est en déchiffrant toujours que l'on marque son adhésion et son intérêt.

Hiérarchie

La hiérarchie est un ordre* réglé qui, distinguant l'inférieur du supérieur, soumet l'inférieur au supérieur. Pour Aristote*, la Nature* suit un ordre hiérarchique allant du moins intelligent au plus intelligent.
Au Moyen Âge, l'ordre politique était pensé sur un mode hiérarchique de Dieu* aux hommes en passant par le prince et le pape, représentant de Dieu sur terre. La morale*, aujourd'hui, a conservé un sens* à la notion de hiérarchie, en faisant apercevoir que l'on ne peut pas mettre toutes les valeurs* sur le même plan. Si l'on veut pouvoir éviter toute confusion ainsi que toute négation des valeurs, il importe de hiérarchiser celles-ci en montrant qu'il y a des valeurs prioritaires.

Histoire

L'histoire désigne quatre choses.
1) Le récit mythique. Le mythomane raconte des histoires. Il déforme la réalité* des choses*. L'histoire est le récit déformé des choses. De ce point de vue, le mythe* est l'ancêtre de l'histoire.
2) Le récit d'un événement* mémorable. La vie* des hommes est parcourue par des événements dignes de mémoire*. L'histoire est le recueil et la transmission de ces événements.

3) Une discipline scientifique. L'histoire est la discipline qui s'efforce de vérifier que tel ou tel événement s'est non seulement produit, mais qu'il s'est produit tel que ses acteurs ou ses témoins le disent. Aussi l'histoire entreprend-elle d'établir la véracité des faits* en recourant à la convergence des témoignages.
4) Un événement. Dans la vie des peuples, il existe des événements mémorables parce qu'ils marquent une crise et une destruction, ou un changement et la fondation de quelque chose de nouveau. Arrachant le cours des choses à la monotonie d'un monde* uniforme, ces crises et ces changements témoignent d'un réel qui est plein de sens*. Hegel* a conféré un sens métaphysique à cette réalité historique qui dépasse l'homme tout en signifiant quelque chose.

HOBBES (Thomas)

Le philosophe anglais Hobbes (1588-1679) est le fondateur de la pensée* politique moderne. Sa pensée se caractérise par trois points majeurs.
1) Une méthode*. Impressionné par la rigueur du mécanisme* cartésien (*voir* Descartes*), Hobbes s'efforce d'en appliquer les principes* à la vie* politique. Il est le premier à montrer qu'il y a des mécanismes politiques et en particulier des mécanismes fondateurs.
2) Une vue originale de la politique*. Hobbes distingue l'état* de nature* de l'état politique. À l'état de nature règne la violence*. L'homme est un loup pour l'homme. La société* naît quand les hommes, ayant peur de la mort*, décident de passer entre eux un pacte de non-violence. La société s'explique donc par un mécanisme psychologique.

Léviathan
Dans la Bible, il est question d'un monstre dévorant les hommes, appelé Léviathan (Livre de Job). Hobbes a repris ce terme de Léviathan (*Léviathan ou la Matière, la forme et le pouvoir d'un État*, 1651) pour désigner l'État, ce monstre plus froid que tous les monstres froids – dira Nietzsche – et qui n'est en réalité qu'une machine.

3) Une nouvelle approche du pouvoir*. La violence est déléguée au prince, qui représente la société et qui est chargé de la défendre. Le pouvoir s'explique par un mécanisme au service de la vie des hommes.

Humanité

L'humanité désigne trois choses.
1) Un genre* particulier. Dans l'ensemble des êtres* vivants, l'humanité incarne un genre particulier d'êtres vivants, avec ses caractéristiques propres.
2) Une vertu* morale. L'humanité est de l'ordre de la pitié. Du sentiment envers autrui* débouchant sur de la solidarité et de l'entraide.
3) Un concept* universel. L'homme est capable de raison* et de moralité. Quand il agit, il s'efforce d'agir universellement. L'humanité est cette façon que les hommes ont de se poser par la raison et la morale* comme des êtres universels.

HUME (David)

Le philosophe Hume (1711-1776), né en Écosse, est le penseur par excellence de l'empirisme*. Sa pensée* se rassemble autour de trois idées* principales.
1) Une critique* de la métaphysique*. Les hommes s'imaginent pouvoir connaître l'ordre* de la Nature*. Or, qui nous dit que l'ordre que nous connaissons est l'ordre même de la Nature ? Nous avons tendance à prendre l'image* que nous nous faisons des choses* pour les choses mêmes.
2) Une critique de la causalité. L'erreur* consistant à confondre notre pensée avec le réel est visible dans nos rapports avec la causalité. Nous pensons pouvoir connaître les causes* des choses, c'est-à-dire ce qui les fait être*. Il s'agit là d'une illusion*.

Empirisme et sciences humaines
En plaçant l'homme au centre de la Nature et de sa connaissance, Hume a anticipé la démarche des sciences humaines, qui montrent que notre vision du monde est produite par nos comportements psychologiques et sociaux.

La causalité reflète notre manière humaine de voir les choses et non la réalité* même des choses.
3) Une nouvelle définition de la connaissance*.
L'ordre de la Nature est multiple et mouvant. Notre connaissance ne fait que découper dans ce tourbillon un aspect des choses correspondant à nos habitudes* et conformes à celles-ci. C'est l'homme, avec son comportement social, qui fait la nature, et non la Nature qui fait l'homme.

HUSSERL (Edmund) ▲

Le philosophe Husserl (1859-1938), né en Allemagne, est le fondateur de la phénoménologie*, l'un des courants majeurs de la pensée* du XXe siècle. Sa pensée se rassemble autour de trois idées*-forces.
1) Une critique* de la connaissance*.
La connaissance est en crise. Car il existe une tendance ou bien à « psychologiser » celle-ci, ou bien, au contraire, à la « logiciser ». Entre un excès de subjectivité et un excès d'objectivisme, il importe de retrouver le sens* de ce que connaître veut dire. C'est Descartes* (1596-1650) qui pose correctement le problème* de la connaissance en soulignant que l'on connaît parce que l'on pense par un engagement personnel et volontaire de soi dans la connaissance.
2) Une nouvelle définition* de la conscience*.
On est conscient et on connaît parce qu'on veut l'être*. On est conscient aussi parce que l'on est conscient de quelque chose. Si la conscience vient de l'homme qui pense, elle vient aussi du rapport au monde*. La conscience n'est pas qu'un acte* intérieur. Elle est un acte vécu. L'acte de vivre les choses* en leur donnant du sens.

3) Le retour aux phénomènes*. La conscience passant par le fait de vivre les choses, le sensible* n'est plus ce qui lui fait obstacle. Il est son support, voire son horizon. Aussi faut-il changer de rapport au paraître, qui ne renvoie pas simplement au domaine des apparences* mais à celui des apparitions, c'est-à-dire du sens qui jaillit de l'intérieur du sensible au cours d'expériences* qu'il importe de décrire en faisant retour aux phénomènes.

Hypothèse

L'hypothèse désigne trois choses.
1) Ce que l'on met à la base. Ce que l'on place au commencement de tout discours afin de construire celui-ci.
2) Une supposition vraisemblable, qui attend pourtant vérification.
3) Un outil théorique de découverte. La démarche scientifique déduit des hypothèses d'un certain nombre de résultats, confirme ces hypothèses par un protocole logico-expérimental, avant de formuler de nouvelles hypothèses.

Isaac Newton
Ce physicien, astronome et mathématicien anglais (1642-1727) se refusait à faire des hypothèses. « *Je ne fais pas d'hypothèses* », disait-il, afin de souligner son désir d'aboutir à une science certaine.

I

Idéalisme ▲

L'idéalisme est le système* de pensée* plaçant l'idée* au fondement* de la réalité*. On compte quatre types d'idéalismes.

1) L'idéalisme objectif. Il s'agit de l'idéalisme de Platon* qui, plaçant les idées ou formes* au fondement de la réalité, a conféré une réelle existence* à ces idées. D'où un véritable réalisme des idées chez Platon.

2) L'idéalisme subjectif. Pensons-nous parce qu'il y a des idées ? Ou y a-t-il des idées parce que nous pensons ? Pour Descartes*, il y a des idées parce que nous pensons. D'où un idéalisme plaçant le sujet* au fondement de la réalité. La réalité n'est jamais donnée indépendamment de la conscience*.

3) L'idéalisme transcendantal*. Si la connaissance* repose sur le sujet qui veut penser, elle repose aussi sur des conditions de possibilité *a priori** qui permettent de penser. Ainsi, on connaît parce que l'on connaît réellement et on connaît réellement parce qu'on a accès au sensible* par ces formes *a priori* de la sensibilité* que sont l'espace* et le temps*. Nous savons que nous sommes dans l'espace et dans le temps sans pour autant avoir jamais touché l'espace et le temps.
Si Kant* est le premier à parler d'idéalisme transcendantal, Husserl* reprendra ce terme à son compte afin d'étudier les structures* *a priori* du moi* connaissant.
4) L'idéalisme absolu. Il s'agit de l'idéalisme de Hegel*. Pour Hegel, l'idée mène l'histoire*. Tout ce qui est réel est rationnel. Tout ce qui est rationnel est réel.
Les idées ne se contentent pas de modeler le monde* en étant extérieures à celui-ci. Le monde est une grande idée en développement.

Idée

Une idée désigne trois choses.
1) Une forme*. L'idée du grec *eidos* est la forme issue de la pensée* donnant forme au réel en découpant celui-ci afin de le faire ressortir. Sans forme, pas de réel.
2) Un concept*. L'idée consiste à dégager la signification générale des choses* ou des événements*, qui se tient derrière les apparences*. Passer à l'idée, c'est passer du particulier au général.
3) Une création*. Avoir une idée, c'est en général imaginer quelque chose qui va permettre soit de débloquer, soit de faire avancer une situation.

Identité ▲

L'identité désigne trois choses.
1) Un principe* logique fondamental. Une chose* est, dans la mesure où elle est ce qu'elle est. Elle n'est pas elle-même et la négation d'elle-même.
2) Un caractère distinctif. L'identité d'une chose est le caractère distinctif permanent de cette chose, qui permet de la distinguer des autres choses et de la reconnaître au cours du temps*.
3) Le résultat du processus de connaissance*. Connaître consistant à pouvoir se représenter les choses ou les événements*, et la représentation* consistant à pouvoir identifier les choses ou les événements, la connaissance est liée à l'identité qui en est le résultat.

Idéologie

L'idéologie désigne trois choses.
1) Une philosophie*. Au cours du XIXe siècle, des philosophes comme Antoine Destutt de Tracy (1754-1836) se sont désignés sous le terme d'« idéologues ». Ils prétendaient pouvoir faire une science* des idées*, qui explique leur genèse* à partir de la sensation*.
2) Un système* d'idées. Une idéologie est un système d'idées débouchant sur une certaine représentation* du monde* souvent rigide et dogmatique conférant un sens* au réel en réduisant celui-ci.
3) Un concept* marxiste. L'idéologie, pour le marxisme, consiste dans un discours véhiculant, derrière une représentation du monde relevant apparemment du bon sens ou de la raison*, une propagande au service des intérêts d'une classe* sociale.

Illusions transcendantales
Kant a montré que la connaissance humaine est frappée d'illusions dites transcendantales. Lorsqu'elle entreprend de répondre aux grandes questions concernant l'immortalité de l'âme, l'existence de Dieu ou l'origine du monde, elle a l'impression de saisir quelque chose par ses raisonnements, alors qu'il n'en est rien. Elle ne saisit rien.

Illusion

L'illusion renvoie au terme latin *illudere* qui veut dire « se jouer de ». L'illusion réside dans le fait* de se tromper de rapport et de prendre une chose* pour une autre. Ce qui est troublant dans l'illusion vient du fait que ce ne sont pas les éléments dont elle se compose qui sont faux, mais le rapport sous lequel on les entrevoit. Ainsi, voir un bâton dans l'eau comme étant brisé n'est pas illusoire. Soutenir qu'il est effectivement brisé l'est. Le monde* n'est pas tel qu'il nous apparaît. Il y a un écart entre ce que les apparences* nous montrent et ce que la connaissance* nous en dit. Ainsi que l'a montré Platon*, le propre de l'exercice philosophique est de vivre dans la vérité* et non dans l'illusion. Cela dit, l'art* se déploie en faisant illusion, afin de retourner le réel pour en libérer les aspects cachés. Signe que l'illusion peut avoir un pouvoir* créateur.

Image

L'image désigne deux choses.
1) En psychologie*, l'image est la représentation* mentale d'une chose* sensible.
2) L'image renvoie au symbole*. Quand quelque chose ou quelqu'un se met à représenter quelque chose qui le dépasse et qui revêt une importance pour les autres, on est dans l'ordre de l'image. L'analyse* des images symboliques s'efforce de faire émerger, à propos d'une chose ou d'un être*, la façon qu'ils peuvent avoir de signifier et d'être vus.

Imaginaire

Ainsi que l'a montré Bachelard*, l'imaginaire n'est pas la faculté de former des images*, mais celle de s'absenter du monde*. L'imaginaire est la faculté de rendre un monde absent aussi présent que le monde présent devant nous. En ce sens*, l'imaginaire est la faculté créatrice par excellence, la création* consistant dans le fait de recréer le passé comme s'il était présent, de faire advenir le futur comme s'il était déjà là, ou de faire passer l'irréel pour du réel.

Imagination

L'imagination désigne trois choses.
1) Une erreur*. Quand quelqu'un extrapole à partir d'un événement* pour en déduire des conséquences dépourvues de tout fondement*, on dit qu'il imagine. Excès déductif, l'imagination est une logique* folle dépourvue de toute logique.
2) Un processus psychologique. Imaginer veut dire, au sens* classique du terme, faire des images*, mais aussi fabriquer du sens. À ce titre, l'imagination est au cœur du processus de représentation* débouchant sur la connaissance* des choses*. Dans le processus d'élaboration du sens, ainsi que l'a montré Hume*, l'association des images joue un rôle essentiel. C'est par la faculté de rapprocher des choses apparemment sans rapport aucun que le sens se construit.
3) Une faculté créatrice. Imaginer, c'est pouvoir anticiper, préfigurer, voir avant de voir. Sans anticipation et donc sans imagination permettant de s'élever au-dessus du réel, pas de connaissance possible.

L'au-delà
L'imaginaire est très présent dans le domaine religieux où il apparaît comme le seul moyen de rendre l'au-delà présent.

Les trois stades de la connaissance selon Spinoza
Ce philosophe a distingué trois stades dans la connaissance :
– la connaissance imaginative, dite connaissance par ouï-dire ;
– l'entendement, faculté du calcul rationnel ;
– l'intuition, faculté d'anticipation.

Immanence

L'immanence s'oppose à la transcendance*. Si l'immanence désigne l'ici-bas par opposition à la transcendance qui désigne l'au-delà, l'immanence désigne surtout une méthode* d'explication consistant à n'expliquer* les choses* qu'en ayant recours à une logique* interne et aux éléments donnés ici-bas, sans se référer aucunement à un quelconque principe* métaphysique.

Impératif

Un impératif, comme son nom l'indique, désigne quelque chose à quoi il convient de se soumettre impérieusement. Sur le mode* d'un commandement, l'impératif exige et ordonne des actions.
Kant* a distingué deux formes* d'impératifs.
1) Les impératifs techniques ou hypothétiques qui s'énoncent sur le mode : « *Si tu veux parvenir à tel résultat, il faut que tu utilises tels moyens.* »
Ici, l'impératif « il faut » est dit technique, parce qu'il est un moyen soumis à une logique* technique. Il n'a rien de moral. On peut, dans ces conditions, dire « *il faut* » sans que cela n'ait aucun caractère moral.
2) Les impératifs catégoriques ou absolus qui s'énoncent sur le mode : « *Il faut parce qu'il faut.* »
Ici, l'impératif est dit catégorique, parce qu'il n'est pas un moyen mais une fin. Il y a des choses* qu'il convient de faire dans la vie* parce qu'il s'agit là de notre intérêt technique. Il y a des choses qu'il convient de faire parce qu'il en va de notre condition humaine.
L'impératif catégorique relève du second ordre.
Il n'est pas utile, il est fondamental. Si nous ne nous y plions pas, c'est que nous n'avons rien compris à notre humanité*.

Inconditionné ▲

Il faut distinguer ce qui est soumis à la série des causes* et des effets, et qui est donc conditionné, et ce qui échappe à la série des causes et des effets, et qui est donc inconditionné. Ce qui est de l'ordre du fondement* appartient à l'inconditionné. Causant sans être lui-même causé, le fondement fonde parce qu'il est causant et non causé. La liberté* est le type même de l'inconditionné. Parce qu'elle est liberté, elle échappe à la série des causes et des effets, tout en étant capable d'agir sur cette série des causes et des effets.

Inconscient

L'inconscient désigne deux choses.
1) Un état* d'aveuglement et d'irresponsabilité. Il s'agit ici du sens* courant de la notion d'inconscient, que nous utilisons lorsque nous disons de quelqu'un qu'il est inconscient. Celui-ci a perdu sa faculté d'être un être* éveillé parmi les êtres éveillés. Il agit totalement dominé par ses passions* et ses désirs*, comme s'il avait perdu conscience*.
2) L'autre face du psychisme. L'homme possède une conscience, par laquelle il pense de façon volontaire en organisant ainsi activement sa vie*. Mais ne pense-t-on pas que parce que nous voulons penser ? Nietzsche*, à cette question*, répond par la négative, en faisant remarquer qu'une pensée* nous arrive quand elle veut. Nous pensons parce que nous sommes pensés par la vie qui se vit en nous et que nous accueillons avec plus ou moins de liberté*. La psychanalyse* a repris cette idée* en la systématisant à partir du désir et du corps*. Nous avons un corps et un désir qui ne cessent de vivre et de s'exprimer. Dans nos pensées, ce sont eux qui viennent « charger » ce que nous pensons de significations multiples. Le poids de ces significations se fait d'autant plus sentir que nous refoulons la vie du corps et du désir. On sent alors que celui qui parle vit un malaise et n'exprime pas ce qu'il voudrait profondément exprimer. À l'inverse, chez celui qui ne nie pas la vie

du corps et du désir, on sent un dégagement. Freud* a mis au point, à travers l'étude des névroses, la technique thérapeutique de la psychanalyse visant à redonner la parole à la part de vie de nous-mêmes enfouie.

Le poète et l'inconscient

Freud n'a pas été le premier à parler de l'inconscient. Déjà, en Grèce antique, les premiers philosophes avaient le sentiment que l'homme n'est pas simplement celui qui parle. Il est aussi celui qui est parlé. Comme, par exemple, le poète qui est inspiré par une vie plus profonde qu'il met à jour. C'est la raison pour laquelle Freud a dit un jour : « *Partout où je suis passé, un poète est déjà passé avant moi.* »

Individu

L'individu désigne l'homme pris comme être* particulier et non comme être général. On peut parler de l'humanité* en disant « chaque homme » ou en disant « tous les hommes ». L'individu renvoie à l'humanité de chaque homme et non de tous les hommes. Il se rapporte à ce que chacun possède d'indivisible en lui. Par extension*, l'individualisme désigne une représentation* du monde* fondée sur l'individu. Par opposition à une conception mettant en avant les forces* collectives ou les traditions, l'individualisme avance que la société* est fondée sur l'individu, son dynamisme et son esprit* de responsabilité*. À la base de l'idéologie* libérale, l'individualisme est bien résumé par la notion américaine de l'homme qui se fait lui-même : *the self-made man*. L'individu n'est pas la personne*. Alors que la personne est l'individu, pris en tant qu'il représente quelque chose par rapport aux autres, ainsi qu'à un ensemble de valeurs* symboliques, l'individu renvoie à la pure particularité prise en elle-même.

Induction

L'induction consiste à tirer des conclusions générales à partir de cas particuliers considérés comme porteurs de relations* générales. Alors que la déduction* va du général au particulier, l'induction va du particulier au général. Ce qui n'est pas sans poser problème*. Car, avec le raisonnement inductif, le risque est grand d'extrapoler. D'où les réserves d'un penseur comme Karl Popper (1902-1994) à l'égard de l'induction.

Inférence

Inférer d'une chose* à une autre, c'est conclure d'une chose à une autre. On peut inférer de deux façons.

1) Déductivement. L'inférence est alors démonstrative, car logiquement nécessaire.

2) Inductivement. L'inférence est alors non démonstrative, car simplement vraisemblable.

Infini

L'infini désigne deux choses.

1) L'illimité. L'infini est le contraire* du fini, c'est-à-dire de ce qui est limité.

2) La liberté*. Chez Descartes*, Dieu* est dit infini, parce qu'il ne dépend de rien d'autre que de lui-même.

Le « *mauvais infini* »

Hegel a critiqué ce qu'il a appelé le « *mauvais infini* ». Le mauvais infini est l'infini vague et indéterminé, qui consiste à aller à l'infini. Le « bon infini » consiste à achever quelque chose en revenant sur soi, et en étant ainsi libre à l'égard de l'extérieur, où tout est inachevé et dépendant. Pour Hegel, le fini et l'infini ne s'opposent pas.

Inné

L'inné, qui désigne le contraire* de l'acquis, renvoie à ce qui résulte non pas d'une acquisition par l'éducation et la culture*, mais d'un donné de la Nature*. Si, pour vivre, il faut apprendre, pour apprendre il faut vivre. Difficile, dans ces conditions, de nier l'acquis, mais aussi de nier le donné et l'inné. Tout s'apprend, et, cependant, il y a des choses* qui ne s'apprennent pas. Entre l'illusion* de croire que tout est spontané et l'illusion de penser que tout se construit, le travail* critique de la pensée* consiste à faire la part entre ce qui s'apprend et ce qui ne s'apprend pas.

Institution

Instituer veut dire établir quelque chose par un acte* volontaire. Pascal distingue les grandeurs* d'établissement des grandeurs naturelles afin de souligner deux choses.

1) Les institutions humaines ne sont pas divines mais humaines, et donc relatives. Il ne faut pas, de ce fait, les idolâtrer.

2) Cela dit, comme il faut des institutions pour que la société* fonctionne, il faut respecter celles-ci. D'où un nouveau sens* de l'institution.

Il faut respecter celle-ci, non pas parce qu'elle est parfaite, mais parce qu'elle est utile. Il faut apprendre non pas à y croire, mais à en user avec intelligence*.

Intelligence

L'intelligence désigne trois choses.

1) D'une façon générale, l'intelligence est la faculté de pouvoir* s'adapter à une situation en produisant la réponse adéquate à la question* que celle-ci peut poser. À ce titre, l'intelligence est liée à la notion de rapport. Elle est le sens* du rapport juste.

2) L'intelligence est le contraire* de l'instinct. Si, en effet, l'instinct est – comme l'intelligence – la faculté de pouvoir s'adapter, il est une faculté d'adaptation programmée génétiquement alors que l'intelligence est volontaire.

3) Il y a dans l'intelligence une nuance d'harmonie (vivre en bonne intelligence) et de finesse (avoir l'intelligence de la situation).

L'intelligence du cœur

Pascal a distingué l'esprit de géométrie, qui comprend avec démonstration, de l'esprit de finesse, qui comprend sans démonstration. Il a voulu montrer par là qu'il existe une intelligence du cœur, qui comprend parce qu'elle sent et non parce qu'elle analyse.

Intelligible

L'intelligible est le domaine de l'intelligence* et des idées*, par opposition au sensible* qui est le domaine des sens* et des réalités* matérielles.

La réalité a deux faces : une face visible et une face invisible. La face visible est celle de la réalité matérielle que nous percevons. La face invisible est celle de l'intelligence qui nous fait comprendre* ce que nous voyons et pas simplement le percevoir. Bien que les idées ne se voient pas, elles sont aussi réelles que la réalité matérielle. Car, sans idées nous faisant comprendre ce que nous voyons, nous ne verrions rien.

Intentionnalité

Terme central dans la phénoménologie* de Husserl*. L'intentionnalité, qui vient du terme intention, désigne le fait que la conscience* n'est pas neutre. Loin de vivre repliée sur elle-même, celle-ci vit de façon ouverte en allant vers le monde*. En le visant. Être conscient, ce n'est pas simplement avoir conscience de soi en disant : « *Moi*. Je suis. J'existe.* » C'est ne cesser de donner sens au monde dans lequel nous vivons, en vivant le monde.

Intersubjectivité

Terme central dans la phénoménologie* de Husserl*. Pour la phénoménologie, le moi* n'est jamais solitaire. Il est toujours lié aux autres moi, dans la mesure où être un moi vivant, c'est être un moi vivant avec les autres. On dit « Je » face à un « Tu ». On parle en parlant aux autres qui nous sortent de la solitude, de la violence* et de l'anonymat. Nous sommes donc liés aux autres, et l'intersubjectivité est le lien qui nous unit à eux.

Complicité et intersubjectivité
Le fait que l'on puisse se comprendre sans forcément se parler. Le fait aussi que, parfois en parlant de lui, quelqu'un parle de tous.

Intuition

L'intuition désigne trois choses.
1) La saisie immédiate d'une réalité* ou d'un rapport. On fait preuve d'intuition quand on est en mesure de comprendre* immédiatement quelque chose, sans passer par une explication ou une démonstration*. Il y a des choses* que nous savons immédiatement, comme le fait que nous soyons conscients.
2) La réceptivité. Le fait d'être intuitif renvoie au fait d'être sensible à. On est ainsi sensible à une atmosphère ou à une présence. On capte les choses.
3) Une faculté créatrice*. Être intuitif, c'est être capable de deviner, d'anticiper, de voir avant. Voir ainsi avant implique que l'on ait noué un rapport créateur avec le temps* et la vie*, en faisant durer les choses par une intériorisation de celles-ci en soi-même, débouchant sur le fait que l'on devienne les choses mêmes. C'est Bergson* qui a insisté sur cet aspect de l'intuition.

Socrate
C'est lui qui a donné à l'ironie ses lettres de noblesse en faisant de celle-ci une méthode destinée à désarçonner un certain nombre de ses interlocuteurs qu'il jugeait prétentieux.

Ironie

L'ironie consiste dans une forme* de moquerie à l'égard de quelqu'un, passant par le fait de faire semblant de s'intéresser à ce qu'il dit, à travers un jeu de questions* qui vont peu à peu ridiculiser ses propos. Action de feindre de trouver intelligent ce qui ne l'est pas, pour mieux dénoncer l'inintelligence, l'ironie désignait, pour les Grecs, la question, ainsi que l'art* de la question.

Irrationnel

L'irrationnel renvoie à deux choses distinctes.
1) Un comportement tournant délibérément le dos à la raison* en transgressant les lois* de celle-ci. Le comportement suicidaire qui va contre l'intérêt de celui qui le pratique est le type même du comportement irrationnel.
2) Un domaine étrange. Il peut exister une logique* de ce qui est illogique. Dans le fantastique, par exemple, où l'on trouve des êtres* possédant des pouvoirs* supranormaux, il existe une logique. L'incompréhensible, l'inexplicable, le miraculeux, le bizarre aussi, l'étrange, l'anormal sont traités comme des réalités* normales. On est dans le domaine de l'irrationnel, qui est le monde* de l'extraordinaire devenu ordinaire.

J

Jeu

Le jeu désigne trois choses.

1) Une activité de délassement. Opposé au travail*, qui implique de se soumettre à un effort contraignant afin de subvenir à ses besoins*, le jeu consiste à pouvoir* user des choses* comme bon nous semble, libérés de toute contrainte et de tout souci.

2) Une forme* de liberté*. Jouer est souvent utilisé pour désigner quelque chose qui fonctionne bien. Sans obstacles. Sans frottements. Quand tout joue, cela signifie que tout remplit sa fonction* en donnant une impression d'aisance. Kant* a utilisé l'image* du jeu pour désigner l'état d'esprit* qui règne face à la beauté. Face à ce qui est beau, l'esprit est libéré. En lui tout « fonctionne bien », car tout l'inspire, le beau* rendant intelligent.

3) Une déviation possible. Jouer peut vouloir dire faire semblant et donc mentir. Le propre du sérieux est de s'opposer au jeu, en recherchant l'authenticité.

La beauté du jeu

Pour l'art classique, le beau résidait dans le fait de donner l'impression du naturel. Car était beau le fait de parvenir à une liberté créatrice, à l'image de la Nature, qui est une grande liberté créatrice.

Joie

La joie, disait Spinoza* « *est un élargissement d'être* qui provient du passage d'un moindre être à une augmentation d'être* ». Distincte du plaisir, qui est de l'ordre du soulagement face aux contraintes internes et externes que l'on peut être amené à ressentir, la joie est bien résumée par l'expression « *être mis en joie* », qui revient à se réjouir de tel ou tel événement* parce qu'il fait mieux vivre. Tout fait* de se sentir vivre, au lieu de simplement vivre, rend joyeux.

Jugement ▲

Le jugement désigne cinq choses.
1) Un acte* juridique. Un juge qui rend la justice* juge. Il prononce une sentence qui consiste à évaluer un acte après examen des faits*, au regard de la loi*.
2) Un acte rationnel. Ainsi que l'a montré Kant*, le propre du savant est de savoir anticiper et prévoir, après avoir apprécié le sensible* au regard des concepts* de l'entendement*. Cette capacité d'anticiper et de prévoir correspond à ce que Kant a désigné sous le nom de jugement synthétique *a priori**.
3) Un acte moral. Faire preuve de conscience* morale passe par le fait de juger, non pas pour condamner, mais pour distinguer le bien* du mal*. Ainsi que l'a montré Kant, le propre du jugement moral est de savoir apprécier les désirs* au regard de la raison*, qui n'est pas la faculté des concepts, à savoir l'entendement, mais la faculté des principes*, c'est-à-dire des raisons d'être*. Si l'on peut dire d'un acte que tout le monde pourrait le faire sans nuire à l'humanité*, on a affaire à un acte moral. Savoir le reconnaître est le propre du jugement moral.

4) Un acte esthétique. Les hommes possèdent une faculté de plaisir* et de peine. Il y a un plaisir qui peut être beau. Il se produit quand il est porteur d'universalité. Il y a un plaisir qui peut être sublime. Il se produit quand il est porteur de raisons d'être. Le propre du jugement esthétique est de savoir le reconnaître.
5) Un acte personnel. Juger a beau consister dans le fait d'apprécier un événement* au regard de (la morale*, l'art*, etc.), c'est un acte personnel, consistant à apprécier un événement au regard de l'humanité que l'on porte en soi.
Face à l'impersonnel, le propre du jugement est de trancher de façon personnelle, au lieu de laisser l'impersonnel triompher.

Justice

La justice renvoie à trois choses.
1) Un principe* d'égalité. Tous les hommes sont égaux en droit* et donc *a priori**. Prétendre le contraire, c'est faire preuve soit de racisme, soit d'intolérance, soit de préjugé* social.
Faire vivre l'égalité, c'est faire vivre une harmonie et une fraternité entre les hommes, quels que soient, par ailleurs, les mérites de chacun.
2) Un principe d'équité*. Les hommes n'ont pas les mêmes mérites. Alors que certains sont travailleurs et généreux, d'autres sont paresseux et égoïstes. Il serait, de ce fait, injuste d'attribuer à chacun la même récompense. L'équité s'efforce de rendre à chacun ce qui lui revient, en fonction* de ses mérites.
3) Un ordre*. Tout le problème* de la justice consiste à rendre compatibles l'égalité et l'équité. John Rawls (né en 1921) a pensé y parvenir

par l'entremise de la notion de calcul rationnel.
Il peut y avoir des inégalités avantageuses
(le fait* qu'une entreprise fasse du profit peut être
utile à tous), comme une égalité avantageuse
(le fait qu'il y ait de la paix sociale est indispensable
pour entreprendre).

K

KANT (Emmanuel)

L'Allemand Kant (1724-1804) est l'un des plus grands penseurs de la tradition philosophique. Sa pensée* se rassemble autour de trois idées*-forces.

1) Une critique* de la métaphysique*. La philosophie* est en crise. Elle ne progresse pas. Car les philosophes croient pouvoir tout connaître. Ce qu'ils ne peuvent pas. L'homme n'est pas Dieu*. Il a des limites. Il convient donc de le ramener à la raison*. Dans l'étude de la Nature*, il peut progresser à l'infini*, mais non achever de connaître celle-ci en découvrant son origine*. Copernic* a découvert que la Terre tournait autour du Soleil, en tenant compte d'une façon critique de la position du sujet* observateur. Si l'on veut que la métaphysique fasse des progrès*, il importe que l'on soumette celle-ci à un examen critique en analysant les conditions de la connaissance* humaine, afin de faire cesser l'illusion* consistant à croire que celle-ci pourrait tout maîtriser.

2) Un recentrage de la pensée par la morale*. Si la philosophie est en crise, c'est que celle-ci a perdu sa vocation. Les philosophes veulent trop savoir et pas assez vivre avec sagesse*. Il convient donc de revenir à la sagesse, en refaisant de la philosophie une morale et non une science*. D'où l'importance de la morale. C'est elle qui est au fondement* de tout et qui, en particulier, donne un sens* aux objets* qu'étudie la métaphysique, à savoir Dieu, l'immortalité de l'âme* et la liberté*. Car autant il n'est pas sage de vouloir s'emparer de Dieu par la science en démontrant son existence*, autant, en revanche, il est sage de postuler que Dieu existe afin de poser une perfection par laquelle on puisse se parfaire.
3) Un sens de la liberté. Kant a voulu que l'homme devienne libre et pense librement. C'est là la clé de sa vision de l'homme et de son attachement aux Lumières*. On peut en effet traiter l'homme comme un enfant. On tombe alors dans le cercle vicieux du despotisme. Plus l'homme est dominé, plus il est irresponsable ; plus il est irresponsable, plus il devient nécessaire de le dominer. On peut aussi traiter l'homme en adulte. On s'ouvre alors au cercle vertueux de la liberté. Moins on domine l'homme, plus il est responsable, et plus il est responsable, moins il devient nécessaire de le dominer.

KIERKEGAARD (Søren)

Penseur danois, figure marginale mais majeure de la pensée* du XIXe siècle, adversaire résolu de Hegel*, Kierkegaard (1813-1855) est considéré comme le père de l'existentialisme*.
Sa pensée est marquée par trois idées* majeures.

1) Une critique* du savoir. La philosophie* qui n'aspire qu'à devenir une science* tourne le dos à sa vocation. Au lieu d'être une réponse aux grandes questions* que l'homme se pose sur la vie*, la mort*, la souffrance et le mal*, celle-ci est un système* qui, tout en expliquant* tout, ne répond à rien. Résultat : loin de donner des raisons* de vivre, la philosophie, devenue un système, permet de se tenir à l'écart de la vie, sans vivre.

2) Un retour à la subjectivité. Il convient donc de revenir à la pensée véritable, en opposant le sujet* au système. L'homme un tant soit peu ouvert à la vie désespère de la vie quand il est confronté au mal. Il est de ce fait angoissé, attendant autre chose de l'existence*. C'est un tel sujet qui est la conscience* véritable de l'humanité* et, par là, l'expression de sa sagesse*. Car c'est grâce à des hommes que la vie angoisse et que le mal désespère que l'humanité vient à apprendre qu'il existe une vie autre. Une vie que rien ne peut réduire et qui crie en l'homme, à travers l'angoisse* et le désespoir.

3) Une ouverture à la religion*. L'homme veut exister et pas simplement vivre. Ce qui le conduit à ne pas se résoudre à vivre médiocrement ni bestialement. D'où la profondeur de la passion* qui marque un refus de la médiocrité, et de la morale*, qui marque un refus du mal qui humilie l'homme. C'est toutefois dans la religion que le désir* humain d'existence trouve sa réponse, la religion étant, par le fait de se laisser totalement dépasser par l'appel à une vie autre que l'on sent en soi, l'expression même de l'appel à l'existence que l'homme éprouve en lui.

Kierkegaard et la mauvaise foi

L'existentialisme moderne a retenu de Kierkegaard l'idée que l'homme pense avant tout parce qu'il est en quête de vie et non parce qu'il recherche des explications. Il a, pour cette raison, suivi ses analyses montrant qu'il existe une peur d'affronter sa propre angoisse, et toutes sortes de stratégies de mauvaise foi afin de masquer cette peur en se donnant bonne conscience.

L

Langage ▲

Le langage intéresse la philosophie* pour deux raisons :
– avec les idées*, les mots sont l'instrument privilégié de la philosophie, puisque l'on pense dans le langage (les mots peuvent être le support de la pensée*) ;
– mais il arrive aussi qu'ils soient des obstacles pour la pensée, et donc qu'il faille les critiquer, puisqu'il ne suffit pas de parler pour penser.

D'où tout un travail* de réflexion critique de la philosophie à travers trois axes.

1) D'abord un rappel. Le langage renvoie à la fonction* symbolique – qui est le propre de l'homme. Si l'animal dispose de capacités expressives par l'intermédiaire de certains sons ou de certains dispositifs de marquage, il ne possède pas la capacité symbolique de fabriquer des signes* nouveaux à partir des signes existants en donnant du sens* à ces signes, c'est-à-dire en leur conférant une représentation* abstraite par l'entremise d'une opération symbolique.

Seul l'homme est capable de combiner les signes dont il dispose afin de fabriquer du sens. De ce fait, tout ne peut pas être désigné au même titre sous le terme de langage. Sauf à considérer – comme les enfants – que tout est langage. Si le monde* qui nous fait face n'est pas muet, il importe de hiérarchiser les signes qu'il exprime en opérant un travail critique de classement et d'interprétation.

2) Ensuite, une critique*. Le langage est un système* de signes permettant de communiquer. En combinant entre eux des signes en nombre limité, il est possible, pour un émetteur, de transmettre un message à un récepteur et ainsi de se faire comprendre*. Reste que le langage n'est pas qu'un système de signes permettant de communiquer. Il ne suffit pas en effet de transmettre un message pour communiquer. Il faut vivre le langage et le faire vivre en créant, comme le poète, une atmosphère. Ce qui implique de ne pas traiter le langage comme un instrument et de communiquer autre chose qu'une information. D'où l'importance de la parole dans le langage, laquelle est l'exécution vécue du langage et son accomplissement. Ce qui est le propre du travail poétique, la poésie étant – au sens large – l'expression même du travail que chacun doit faire afin de faire vivre le langage, en hissant celui-ci au niveau de la parole.

3) Enfin, un engagement. La parole qui fait vivre la communication a deux faces :

– une face de vie*. Comme l'a montré le grand linguiste anglais John Austin (1911-1960), la parole est un acte*. Elle est performative. Tous les actes importants de la vie passent, en effet, par le fait de donner sa parole, afin de signifier par le langage (qui est le propre de l'homme) que l'on s'engage ;

– une face de mort*. Si la parole peut faire, elle peut défaire. Et ce, parce que les mots ne sont pas neutres. Chargés d'affects, ils peuvent créer des affects. Ainsi, le fait de dire que l'on aime fait jaillir l'amour, comme le fait de dire que l'on déteste fait jaillir le conflit. D'où l'importance d'une morale* des mots et de tout un travail humain dans le langage que la psychanalyse* s'efforce d'élucider, afin de passer de la mort à la vie.

LEIBNIZ (Gottfried Wilhelm)

Grand philosophe du XVIIe siècle, à la fois dans la lignée de Descartes* et critique à son égard, Leibniz (1646-1716) a développé sa pensée* autour de trois idées*.

1) L'idée de monade*. En distinguant la matière* de l'esprit*, Descartes avait voulu rappeler que la matière ne pense pas et que la pensée n'est pas quelque chose de matériel. Ce qui évite des confusions réductrices, mais pose le problème* de l'unité de la matière et de l'esprit chez un être* doté d'un corps* et d'une âme* tel que l'homme. Afin de surmonter ce dualisme, sans pour autant confondre la matière et l'esprit, Leibniz part d'une idée ingénieuse. Tout est plein d'individualités dans la Nature* – chaque chose* étant différente des autres choses. Ces individualités différentes, ou monades (terme qui vient du grec *monos*, qui veut dire « un »), se distinguent par le fait* que chacune voit le monde* de son point de vue, avec une perception* plus ou moins développée correspondant à son propre degré de déploiement. Tout étant plein d'âmes plus ou moins développées selon leur point de vue, il n'y a pas de sens* à opposer l'esprit et la matière. L'opposition matière-esprit n'est qu'un effet de perspective que la notion de point de vue permet de lever.

La philosophie de Leibniz

Elle est le type même d'une philosophie du progrès et de l'optimisme. Alors que Pascal souligne qu'il y a un côté tragique indépassable dans la condition humaine, pour Leibniz, le mal n'est jamais qu'un moindre mal, dans un monde dynamique où tout progresse grâce à la providence divine.

2) La providence*. La multiplicité des points de vue – chacun ayant une perception propre – renvoie au caractère dynamique de la Nature qui fait tout varier parce qu'elle fait tout évoluer. Ce dynamisme lui-même a un sens. Dieu*, qui a tout organisé en dotant le monde d'un mécanisme* efficace, ne s'est pas contenté de vouloir que le monde soit une machine. Il veut le meilleur, c'est-à-dire que chaque être parvienne à la perfection. Aussi y a-t-il une providence à l'œuvre dans le monde. Rien n'arrive par hasard*.
3) L'harmonie préétablie. La preuve* de la providence réside dans le fait que tout concourt à produire le monde qui est le nôtre. Certes, pourra-t-on objecter, tout n'est pas parfait. Mais il s'agit là d'un moindre mal*. Dieu a choisi d'accorder tous les possibles* de telle façon qu'il y ait le minimum d'inconvénients et le maximum d'effets. C'est la raison pour laquelle, en dépit de ses imperfections, nous avons affaire à un monde qui progresse malgré tout.

Libéralisme

Le libéralisme désigne deux choses.
1) Un état* d'esprit*. Être libéral, c'est avoir l'esprit ouvert et les idées* larges. C'est faire preuve de tolérance, par opposition à un esprit autoritaire n'admettant que son point de vue.
2) Une doctrine économique et politique, née au XVIIIe siècle avec des penseurs tels que l'économiste Adam Smith (1723-1790), né en Écosse. Le libéral est un partisan convaincu de la libre entreprise qui, en créant des richesses et de la prospérité, conduit à la concorde et peu à peu à l'unification du genre* humain. Aussi convient-il, à ses yeux, de protéger le mécanisme* du marché en laissant circuler

librement les hommes, les marchandises et les idées. Si le libéralisme défend la notion d'égalité des droits*, il s'oppose à tout interventionnisme de l'État en matière sociale – cet interventionnisme conduisant, selon lui, à l'irresponsabilité.

Liberté

La liberté désigne quatre choses.
1) Un état* d'indépendance. L'homme qui est esclave d'un autre homme, et qui ne peut jouir de lui-même, n'est pas libre. Aussi, la première des libertés consiste-t-elle dans la liberté politique de pouvoir se déterminer soi-même, sans dépendre de quiconque – qu'il s'agisse d'un individu*, d'un groupe ou d'un pouvoir*.
2) Un engagement. Si être indépendant est une condition nécessaire de la liberté, ce n'est pas une condition suffisante. Car on trouve beaucoup de personnes indépendantes qui ne sont pas libres pour autant. Que leur manque-t-il ? De se déterminer par elles-mêmes à travers un engagement intérieur, au lieu de se contenter de faire ce qui leur plaît en suivant le caprice de leurs désirs*, plus dictés par la Nature* que par un choix délibéré. D'où la justesse de la définition* de Rousseau* faisant de la liberté, non pas le fait* de n'être soumis à rien, mais celui de se donner des lois*.
3) Une lucidité. Si vivre de l'intérieur en se donnant une exigence est le propre d'un être* libre, encore convient-il de ne pas verser dans une illusion*. On est libre en donnant naissance à une liberté réelle et non en échappant à la vie réelle. Si nous sommes déterminés par la Nature dans notre corps* et par la société* dans nos manières d'être, l'homme libre voudra avoir un corps et vivre dans la société (et non s'en abstraire) afin d'avoir une liberté réelle.

Accoucheur des âmes
C'est ainsi que Socrate se considérait. Il voulait délivrer l'homme réel que chacun porte en soi mais qu'il ignore souvent. C'est à lui que nous devons le sens de la liberté comme délivrance.

4) Un épanouissement. Faisant ainsi retour à la vie*, la liberté prend tout son sens* : être une délivrance. L'homme vit. Il n'existe pas toujours en faisant vivre sa vie. Souvent, il demeure dans un état de passivité et d'ignorance.
Il devient libre quand il devient actif par rapport à sa propre vie. Né à lui-même, on dit alors qu'il s'est délivré.

Libre arbitre

Le libre arbitre renvoie à la capacité que chacun possède de pouvoir* se déterminer par lui-même, en opérant des choix et en étant fidèle à ses choix. Alors qu'un matérialisme* épris de lucidité mais pessimiste tend à dire que le libre arbitre est une illusion* (nos choix étant toujours déterminés par des nécessités naturelles ou sociales), la tradition idéaliste et humaniste tend à souligner que l'attitude déterministe conduit, par le fait* de tout expliquer, à l'impossibilité de fonder toute responsabilité* – tout ayant une justification. On peut se demander si ces critiques* se situent au même niveau. L'humanisme, en effet, a raison de souligner que, si l'on ne suppose pas que l'homme est libre, il ne le deviendra jamais. En ce sens, le libre arbitre qui fonde nos conduites à venir n'explique pas notre nature*. À l'inverse, le matérialisme, qui m'explique ce que je fais, ne le fait jamais qu'après coup. En ce sens, le déterminisme*, qui m'éclaire sur mon passé, ne débouche sur aucun avenir.

LOCKE (John)

Il est le grand représentant de l'empirisme* au XVIIe siècle. Sa pensée* se rassemble autour de deux questions*.

1) Que pouvons-nous connaître ? Locke (1632-1704) ne croit pas, comme Descartes*, à la doctrine des idées* innées. Pour lui, l'esprit* est une table rase où rien ne préexiste. C'est donc uniquement par les sensations* que notre connaissance* se constitue.
2) Comment les hommes peuvent-ils vivre en paix ? Locke pense que tout homme est doté d'une conscience* morale et qu'à ce titre il est responsable devant Dieu* d'une façon individuelle. Il pense, en outre, que chaque homme à l'état* de Nature* possède une liberté* ainsi qu'un droit* de propriété. D'où, comme signification pour la société* celui d'un contrat* social destiné à sauvegarder les droits naturels des individus*. En fait, Locke ne croit pas en une société fondée sur un État de droit divin. En revanche, il pense possible de fonder une société sur un contrat social préservant la liberté – à condition de partir de la conscience morale individuelle. Comme il croit possible le libre développement de la connaissance humaine à partir de la sensation éprouvée par la conscience.

Logique ▲

La logique est la science* qui étudie le raisonnement. Le raisonnement le plus simple que l'on puisse tenir est celui de la proposition dite prédicative, qui consiste à affirmer un prédicat* P d'un sujet* S, en énonçant la proposition suivante : S est P.
Cet énoncé prédicatif sera dit valide si, et seulement si, le prédicat P est contenu dans le sujet S, c'est-à-dire s'il n'appartient pas à une classe* différente.
Si c'est le cas, on dira que l'on a affaire à une proposition analytique, où le prédicat d'un sujet se déduit logiquement de ce sujet.

Paralogisme
Comme exemple de paralogisme, c'est-à-dire de fausse logique, on peut citer ce paradoxe bien connu : un cheval bon marché est rare. Tout ce qui est rare est cher. Donc un cheval bon marché est cher.

Si ce n'est pas le cas, on dira que l'on a affaire à une proposition fausse ou irrecevable. Si la logique étudie les propositions prédicatives, elle s'efforce également d'étudier des propositions plus complexes, tels des enchaînements du type : si A est B, comme B est C, A est C. Apparemment évident, ce type d'enchaînement peut donner lieu à des illusions* de logique (paralogismes*). D'où l'importance de demeurer vigilant en veillant à ce que la mise en relation* de deux classes d'objets* par l'intermédiaire d'une troisième classe d'objets ne débouche pas sur une relation formellement – mais non réellement – compatible. La logique moderne s'est efforcée de se libérer de cette analyse* jugée trop prisonnière des objets. Aussi s'est-elle orientée vers le calcul logique, en s'affranchissant de certaines expressions (« *si... alors* », par exemple) par des connecteurs sous la forme d'une flèche. Si la formalisation d'un raisonnement est une étape indispensable de sa formation, et si donc l'attention critique à la structure* d'un raisonnement est un précieux outil de pensée* afin de rectifier des erreurs*, la formalisation de la pensée n'épuise pas la pensée qui, afin d'être une pensée, se doit de poser la question* du sens* et pas simplement de se soumettre à la rigueur.

La formalisation
Elle consiste à s'intéresser uniquement aux relations formelles de la pensée et non à son contenu.

Logos

Logos est le terme grec qui désigne la raison* au sens* fort du terme, c'est-à-dire la raison d'être* qui structure la vie* et pas simplement la pensée* humaine. D'où le lien du *logos* avec la parole sous la forme de ce qui rend la vie intelligente et parlante. Heidegger* a consacré de longues analyses* afin de montrer que le *logos* est la parole originaire qui recueille et unit la vie, *logos* venant du terme *legein* qui veut dire « lier ». Parce que le *logos* est ce langage* dotant la vie d'intelligence* et donc de parole, celui-ci est apparu en s'opposant au mythe* (*muthos*), à la violence* (*polemos*) et à la passion* (*pathos*).

Loi

La loi désigne, au sens* large, ce qui règle les rapports que l'on peut trouver tant dans les choses* que dans les hommes, en établissant des limites à l'intérieur desquelles certaines actions sont possibles et à l'extérieur desquelles certaines autres actions sont impossibles. On distingue quatre types de lois.
1) La loi scientifique. La Nature* procède selon certains rapports constants. La loi scientifique s'efforce de les formuler en s'appuyant sur des constantes repérables et vérifiables.
2) La loi juridique. Une société* fonctionne grâce à certaines règles permettant la vie* en commun et, au sein de la vie en commun, l'organisation d'un certain nombre de rapports. La loi juridique est la loi décidée par les hommes, réunis en assemblée et formant la personne juridique du législateur.
3) La loi morale. Si la loi juridique s'efforce de régler les modalités* pratiques de la vie en commun, elle ne résout pas à elle seule toutes les questions* que l'humanité*, prise en société, se pose. L'homme, en effet, se détermine aussi selon des règles morales qui constituent ce que l'humanité doit être. Son idéal. Sa condition de possibilité comme humanité raisonnable dotée d'esprit*. Vécues de façon intérieure et impérative, parfois contre l'ordre* social existant, ces règles constituent ce qu'on appelle la loi morale.

4) La loi divine. L'homme peut être amené à se déterminer par rapport à la Nature, à la société ou à la morale*. Cependant, il peut aussi être amené à se déterminer par rapport à une dimension autre : la dimension divine. Il obéit alors à un appel intérieur. « *Viens et suis-moi* », a dit le Christ à ses disciples.

Verticalité
Le judaïsme a bien résumé cette idée de loi divine en faisant remarquer que celle-ci consiste, certes, à se régler, mais sur le plan d'une ouverture verticale et non sur celui d'une contrainte horizontale.

Lumières

Les Lumières désignent ce grand courant politique et culturel qui, au XVIIIe siècle, a défendu l'idée* selon laquelle il était possible de faire sortir l'humanité* de son état* d'obscurité – dû à la misère, à l'oppression et à l'ignorance –, grâce au progrès* économique, à la liberté* politique et à l'éducation.
Né sous l'impulsion de penseurs tels que Diderot (1713-1784), d'Alembert (1717-1783), Condorcet (1743-1794), ce mouvement a parcouru l'Europe et a profondément inspiré la Révolution* française, ainsi que la Déclaration universelle des droits* de l'homme. Aujourd'hui encore très présent dans le monde* moderne, l'esprit* des Lumières se caractérise par une foi* dans la possibilité d'améliorer la condition humaine grâce, entre autres, à la science*, à la démocratie* ainsi qu'à la culture* et à l'éducation.

M

MACHIAVEL (Nicolas)

Machiavel (1469-1527) est considéré comme le père de la politique* moderne. Dans *Le Prince* (1513, publié en 1532), son œuvre la plus connue, voulant éduquer le prince alors au pouvoir*, il fait apparaître des principes* nouveaux.

1) Il faut être lucide. Le monde* est traversé par la violence* du fait de l'égoïsme des hommes à l'état* naturel.

2) Si on veut conserver le pouvoir, il faut être réaliste et ne pas hésiter à utiliser la violence.

3) Les grands hommes d'État* ont toujours été ceux qui ont su faire preuve d'une grande force* pour prendre le pouvoir et le garder. La pensée* de Machiavel est novatrice car elle établit un nouveau critère de la vie* politique fondé sur les résultats et l'efficacité et non plus sur les principes et la morale*. Si le monde moderne lui doit la façon parfois efficace de faire de la vie politique une pure affaire de technique*

– et non de sentiment –, à partir d'une étude scientifique des rapports de force existants, il lui doit aussi l'illusion* consistant à croire que la politique peut se passer de morale et constituer un domaine autonome en devenant une pure technique. Ce qui s'est avéré lourd de conséquences, le totalitarisme* du XXe siècle ayant mené jusqu'au bout cette illusion.

Magie

La magie consiste dans l'art* de détourner des forces* dites surnaturelles à des fins humaines. Forme* de pensée* dite primitive (consistant dans le fait* de croire en des forces surnaturelles agissant dans la Nature* et la vie*), la pensée magique dépasse le simple cadre du monde* « primitif », puisqu'on utilise couramment ce terme pour désigner un climat à la fois extraordinaire et étrange. Si la magie « blanche » désigne un usage bénéfique des forces surnaturelles, la magie noire consiste, elle, dans un usage maléfique de ces forces.

Magie et captation du divin
Alors que la religion consiste en un acte de dépassement de l'homme envers Dieu, la magie consiste en une captation du divin au profit de l'homme.

Maïeutique

La maïeutique désigne, chez Socrate*, l'art* d'accoucher les âmes*. Constatant que, le plus souvent, l'être* réel des hommes est masqué par une conduite superficielle pleine de prétention, Socrate a recours à un jeu* de questions* ironiques, afin de leur faire prendre conscience que la réalité* de ce qu'ils sont ne se situe pas forcément là où ils l'imaginent, les hommes étant dotés d'une pensée* et d'une conscience* dont ils ne font pas toujours l'usage.

Mal

Le mal est le contraire* du bien*. Il lui est opposé, comme l'être* est opposé au néant*, le mal résidant dans le fait de vouloir la destruction pour la destruction. Se manifestant par une attitude de cruauté extrême visant à annihiler l'humain en l'homme, à travers des atrocités brisant tout langage* possible, le mal est le fait d'un désir* de toute-puissance, l'homme voulant s'ériger en dieu à travers, non pas la création*, mais la destruction. Si les philosophes ont reconnu le caractère théologique d'un tel concept*, les pensées* qu'ils ont développées à son sujet n'ont cessé d'être contradictoires. En effet, alors que toute une tradition de rationalisme* théologique n'a cessé de tenter de sauver Dieu* de l'accusation d'avoir créé le mal, en montrant pourquoi le mal est, sinon nécessaire, du moins toléré, un courant de pensée plus moderne a tenté de se débarrasser de cette notion en concluant à sa relativité selon les cultures*. Le totalitarisme* du XXe siècle ne permet plus de relativiser le mal. La volonté* du néant existe et, à travers elle, un désir inquiétant de toute-puissance. D'où la nécessité* de ne pas sous-estimer le fait qu'à travers la volonté de se faire dieu par le mal, le mal pose une question quant aux rapports que l'on ne sait plus avoir avec l'être, voire avec Dieu.

Spinoza et le bien et le mal

Spinoza a souligné, comme l'avaient déjà fait les théologiens médiévaux, que si le mal est le contraire du bien, l'inverse n'est pas vrai, le bien n'ayant pas besoin de mal pour exister – alors que l'inverse n'est pas vrai. Le mal, qui cherche à parasiter le bien, a toujours besoin du bien pour être.

MALEBRANCHE (Nicolas)

Malebranche (1638-1715) est un penseur postcartésien à qui on doit la fondation d'un système* baptisé occasionnalisme. Sa pensée* se rassemble autour de trois idées* majeures.

1) Tout est en Dieu*. Rien de ce que nous vivons et pensons ne vient de nous, car rien n'a d'indépendance, tout dépendant de sa cause*

créatrice – à savoir Dieu. Tout a donc une raison*, mais une raison religieuse. D'où l'unité de la raison et de la religion* au sein d'un rationalisme* religieux.
2) Dieu est exempt du mal*. Tout a beau être en Dieu, tout n'est pas Dieu ou alors le monde* serait Dieu, et il n'y aurait pas de Dieu. Dieu ne peut donc être accusé d'avoir fait le mal. Son ordre* est simple et parfait, et poursuit toujours la simplicité.
La complication qu'est le mal lui est toujours extérieure, et seul le fait de poursuivre la simplicité lui fait tolérer la complication qu'est le mal.
3) Les causes naturelles sont des causes occasionnelles. On peut accorder Dieu et le monde en apercevant que, si Dieu est la cause constante de ce qui est, la Nature* n'en est que la cause occasionnelle.
À travers l'occasion, c'est la limite et l'inconstance qui se trouvent soulignées. Mais c'est aussi la charité divine, une occasion étant une possibilité et pas seulement une limite.

Pérennité du marxisme
Si l'on ne saurait exempter le marxisme des erreurs du stalinisme qui a fait des dizaines de millions de morts en croyant réaliser le bonheur du genre humain, les analyses de Marx sur la mystification provoquée par la marchandise demeurent toujours éclairantes.

MARX (Karl)

Qualifié de « maître du soupçon » et, par là, de père de la modernité, Marx (1818-1883) a développé sa pensée* autour de trois axes majeurs.
1) Le matérialisme*. Une grande partie de la philosophie*, selon Marx, est stérile, voire mystificatrice. Car, au lieu de parler de la condition de l'homme réel en essayant de forger des solutions afin d'améliorer sa condition, celle-ci invite ce dernier à fuir son existence* afin de se diriger vers la religion* ou des idéaux irréalisables. Il convient donc de faire revenir la philosophie sur terre en lui enseignant que le réel ne se passe pas dans la religion, mais dans l'économie, le travail*, l'argent – qui sont tout à la fois des instruments de libération et d'oppression.

2) La critique du capitalisme. Le monde appartient à ceux qui possèdent le capital. Si le capital désigne un surplus de richesse qui est à la base de tout ce que l'homme a pu créer de civilisé – c'est ce surplus qui fait par exemple vivre l'art* –, le capital est aussi un instrument d'oppression. Sur le marché, qui possède le capital fait la loi* et opprime les autres en les exploitant. Si l'on veut pouvoir émanciper l'humanité*, il convient donc de supprimer le capital, qui est à la base de la division sociale.
3) Le socialisme. Pour ce faire, il importe que les opprimés se structurent en classe*, comme ceux qui les oppriment. Qu'ils prennent le pouvoir* en établissant un État* communiste de transition vers le socialisme, avant de laisser la place au socialisme, c'est-à-dire à un monde où il ne sera plus question que quelqu'un exploite qui que ce soit, parce que la structure* existante cessera de rendre nécessaires l'exploitation comme la lutte contre l'exploitation.

Matérialisme

On dit qu'une personne* est matérialiste quand celle-ci ne s'intéresse qu'aux aspects matériels de l'existence*, en cherchant en particulier à posséder de l'argent. Par extension*, le matérialisme désigne une attitude philosophique soulignant que seul doit compter pour l'homme ce qu'il vit au présent dans ce monde*. Pour le penseur matérialiste, tout ce qui s'éloigne de la condition présente de l'homme dans ce monde, sous la forme d'un idéal ou d'un dieu, relève d'une illusion*. L'homme ne doit rien attendre d'autre de la vie* que de pouvoir vivre au présent, ici et maintenant, le plus heureusement possible, en résolvant les problèmes* qui sont les siens. D'où le fait, pour le matérialisme, de ramener

Il existe plusieurs matérialismes : Le matérialisme antique d'Épicure, le matérialisme français du XVIIIe siècle, le matérialisme historique de Marx, le matérialisme rationnel et poétique de Bachelard. Si les Anciens recherchaient à s'accorder avec la Nature à travers une sagesse, les modernes cherchent à transformer l'histoire à travers une révolution politique.

tous les problèmes que l'homme se pose à des problèmes concrets – en insistant sur la question* de l'argent, du sexe et du pouvoir* –, l'homme recherchant, selon lui, à se réaliser dans un idéal religieux ou philosophique abstrait parce qu'il a des problèmes économiques, sexuels ou politiques.

Mathématiques ▲

Quand on dit que quelque chose est mathématique, on dit que quelque chose suit logiquement une autre chose*. Ainsi, on caractérise bien le trait fondamental des mathématiques, qui réside dans la déduction* *a priori**. Pouvoir déduire un système* de propositions *a priori* et, ainsi, cheminer de raison* en raison, tel est, selon Descartes*, l'apport incomparable des mathématiques. Aussi n'est-il pas étonnant que les philosophes aient cherché à calquer leur méthode* sur celles-ci. Penser consistant à apprendre à voir les rapports qui gouvernent la réalité*, comment rêver de meilleure école que celle des mathématiques afin d'apprendre à voir ? Cela dit, si, depuis Platon*, toute une tradition philosophique a vu dans les mathématiques un instrument de contemplation* philosophique, un certain nombre de philosophes ont contesté cette vision des choses, en avançant que les mathématiques ne nous font rien connaître du réel. Outil symbolique permettant de décrire la réalité à partir d'hypothèses* purement humaines, celles-ci ne renvoient à aucune réalité, comme le pensait Euclide (IIIe siècle av. J.-C.), leur fondateur. En supposant qu'il soit possible de contourner les axiomes d'Euclide et de construire des géométries cohérentes bien que sans rapport aucun avec une intuition* humaine, Lobatchevski (1792-1856) et Riemann (1826-1866) ont, au XIXe siècle, apporté de l'eau au moulin des partisans d'une approche purement constructiviste et formelle des mathématiques. Mais deux objections de taille demeurent face à cette approche. D'abord, celle formulée par Gödel (1906-1978), un logicien du XXe siècle, à qui on doit d'avoir démontré qu'il était impossible pour un système de se fonder de l'intérieur en s'appuyant sur ses propres présupposés. Ensuite, et c'est ce que soulignent un certain nombre de mathématiciens, le fait* que les objets* mathématiques résistent à la pensée*, qui n'en fait pas ce qu'elle veut. Ce qui montre qu'ils ne sont donc pas dépourvus de réalité.

Matière

La matière est le contraire* de l'esprit*. Si l'esprit pense, la matière ne pense pas. À l'inverse, si la matière est sensible, l'esprit n'est pas sensible. Cela dit, la matière a trois caractères qui rendent sa définition* plus complexe.

1) Ainsi que l'a montré Aristote*, la matière étant le support sensible capable de recevoir les formes* que sont les idées*, et de les faire vivre, celle-ci participe de l'esprit.

2) On peut dès lors se demander s'il ne convient pas d'aller plus loin et de dire, comme l'a fait Descartes*, que la matière a une structure* intellectuelle réductible à la géométrie. Le fait* qu'aujourd'hui un certain nombre de savants aient recours à des théories* purement mathématiques afin de décrire la matière va dans ce sens*.

3) On ne saurait cependant diviniser la matière, comme l'a fait Épicure*. Car diviniser la matière conduit à la dissoudre. C'est, paradoxalement, en plaçant l'absolu* ailleurs que dans la matière

que l'on respecte celle-ci, en lui donnant comme trait de signifier quelque chose pour l'esprit, en n'étant pas l'esprit. En effet, la matière a du sens en n'étant pas l'esprit mais ce à quoi l'esprit donne du sens.

Le pourquoi du comment
Alors que le finalisme s'efforce de répondre à la question « Pourquoi ? », le mécanisme s'efforce de répondre à la question « Comment ? » Si le finalisme recherche davantage une raison morale dans les choses, le mécanisme recherche, lui, la raison technique qui fait que les choses fonctionnent et sont efficaces.

Mécanisme

Une machine est un système* technique qui permet de fournir un certain travail* et d'économiser ainsi l'énergie humaine. En philosophie*, le mécanisme désigne un certain courant de pensée* s'opposant au finalisme. Alors que la pensée finaliste s'efforce d'expliquer la réalité* à partir d'un sens* supposé guider celle-ci, le mécanisme, lui, s'oppose à toute explication des choses* par un but.
Pour le mécanisme, la réalité s'explique par un système de causes* débouchant sur un certain nombre de fonctionnements.

Mémoire

La mémoire désigne trois choses.
1) Une faculté essentielle à la vie*. Ainsi que l'a montré Bergson*, si nous n'avions pas de mémoire capable de retenir ce que nous vivons, nous ne pourrions même pas avoir de conscience*. Cela vaut pour la vie. Si celle-ci n'était pas dotée de mémoire afin de se conserver, elle ne pourrait pas se déployer comme vie. Face au côté intellectuel de la conscience, la mémoire introduit un aspect sensible. Face au côté apparemment muet de la Nature*, elle introduit une dimension spirituelle, voire métaphysique, en figurant l'être* d'une façon vivante. D'où le rôle singulier joué par la mémoire entre la matière* et l'esprit* (rôle d'intermédiaire), à travers l'action de ce que Bergson a appelé la durée*.

2) Un frein possible. Si la vie et la conscience ont besoin de mémoire, encore faut-il ne pas en demeurer prisonnier en vivant, par exemple, dans le passé. L'oubli est, de ce fait, aussi important que la mémoire, et ce afin de sélectionner ce qui est utile pour l'action.

3) Un acte* moral. Au cœur d'un jeu complexe de conservation et de rejet, la mémoire épouse l'action humaine qui passe par le fait de dire oui à certaines choses*, non à d'autres, et inversement. À ce titre, elle épouse ses engagements moraux, dans lesquels il s'avère plus important de ne pas oublier les autres, les morts, notre dette à l'égard de ceux qui nous ont précédés, la gravité voire le tragique de l'histoire* humaine, que de ressasser d'une façon obsessionnelle et rancunière les aspects négatifs de notre histoire avec les autres ou de l'histoire tout court.

Un temps pour tout
L'attitude qu'il convient d'avoir à l'égard de la mémoire est bien résumée par cette invitation du Livre de l'Ecclésiaste de la Bible, dans lequel il est rappelé qu'il y a un temps pour tout. Un temps pour se souvenir et s'arrêter. Un temps pour agir et aller de l'avant, en songeant à l'avenir plus qu'au passé.

Métaphysique ▲

Attachée à montrer à ceux qui en doutent qu'il y a non seulement de l'être* mais un être premier au fondement* de la réalité* qui est la nôtre, la métaphysique s'efforce de montrer la réalité de cet être en faisant apparaître le lien qui unit de façon ascendante la réalité qui est la nôtre avec cet être, ou celui qui unit de façon descendante la réalité première avec la réalité qui est la nôtre. Si Aristote* est parti de la Nature* afin d'étudier l'être en montrant comment l'être premier et la réalité qui est la nôtre ne sont pas incompatibles – du fait de la diversité des sens* de l'être s'exprimant à travers ses catégories* –, l'histoire* de la métaphysique montre que le rapport à l'être n'a pas toujours suivi la démarche naturalisante d'Aristote.

La science de l'être en tant qu'être
La métaphysique est cette partie de la philosophie qui s'efforce d'être la science de l'être qui se trouve au fondement de la réalité. C'est la raison pour laquelle Aristote, qui lui a donné ses lettres de noblesses, l'a appelée la science de l'être en tant qu'être.

Ainsi, au Moyen Âge, la théologie* chrétienne s'appliquera à montrer que l'être premier est Dieu*, en adoptant une démarche religieuse et non physicienne. D'où de nombreux débats s'interrogeant sur le fait* de savoir si, en agissant de la sorte, la théologie n'a pas freiné le développement de la physique en réduisant celle-ci à la religion* ou, au contraire, freiné le développement de la religion en ramenant celle-ci à une physique. À la suite de ces débats, on a ainsi vu la métaphysique se séparer en deux courants :

– un courant rationaliste, désireux de séparer l'étude de la Nature de la religion ;
– un courant existentialiste, désireux de séparer la religion de l'étude de la Nature.

Illustré par Descartes*, le courant rationaliste a opposé l'ordre* construit par le sujet* à l'ordre donné dans la Nature et disposé, selon Aristote, non pas par les catégories du sujet mais par les catégories de la Nature elle-même. D'où l'apparition d'une métaphysique dite du sujet.

Illustré par Pascal*, le courant existentialiste a opposé au projet d'une science* de l'être, celui d'une expérience* vivante et intérieure de conversion à Dieu.

Aujourd'hui, le monde* contemporain a inscrit son rapport à la métaphysique en radicalisant les débats hérités du passé. Si l'on trouve des tentatives de la part de certains savants pour penser l'être premier, ainsi qu'un courant théologique, dit néothomiste, soucieux de montrer la compatibilité de la science et de la foi*, si l'on trouve également la présence d'un courant humaniste très actif dans la modernité, ainsi qu'un attrait pour la mystique*, on constate la présence d'un courant positiviste désireux d'affranchir la science de tout rapport avec la métaphysique, ainsi qu'un existentialisme* athée désireux de poser la question* de l'existence* en dehors de toute référence religieuse. Cette dernière attitude est notamment le fait de Heidegger*, pour qui il convient de revenir aux penseurs présocratiques, les seuls à avoir su poser la question de l'être, et donc de la métaphysique, d'une façon qui ne soit ni scientifique ni religieuse, grâce à leur approche poétique de l'existence.

Méthode

Méthode vient du grec *methodos* qui veut dire « chemin ». À ce titre, la méthode désigne l'itinéraire qu'il convient de suivre afin de trouver son chemin et de ne pas se perdre. Par extension*, la méthode désigne une certaine discipline, un certain nombre de règles ainsi qu'un certain nombre de procédures auxquelles l'esprit* se soumet afin de pouvoir parvenir à un résultat dans l'ordre du savoir ou de l'action. On peut distinguer trois niveaux de sens* s'agissant de la méthode.

1) La méthode scientifique. Le savant agit avec méthode. Il fait des hypothèses* qu'il tente de vérifier et qui, s'il y arrive, donnent lieu à de nouvelles hypothèses. Ou bien, d'une façon purement déductive, et non plus inductive, il s'efforce de déduire un certain nombre de théorèmes de propositions posées au départ, grâce à un certain nombre de démonstrations*.

2) La méthode au sens de recette. Il s'agit là de l'aspect négatif de la méthode. Face à la demande de recettes, le philosophe répond, avec raison*, qu'il n'y a pas de méthode. La pensée* est à elle-même sa propre méthode. Car, pour penser, la seule méthode est de penser.

D'abord une méthode
La philosophie étant l'application de la pensée à elle-même, par définition elle est toujours une méthode.

3) La méthode philosophique. Descartes* a écrit le *Discours de la méthode* (1637) qui n'est pas un ensemble de recettes, mais tout simplement une philosophie*.

Modalité ▲

La modalité désigne la manière dont une chose* agit. La voie que celle-ci emprunte. En logique*, la modalité désigne la façon dont un prédicat* (P) se relie au sujet* (S). Pour Aristote*, il y a deux modalités : possible ou impossible. Pour la logique classique, il y en a quatre, qui s'opposent deux à deux : possible et impossible, nécessaire et contingent (relatif).

Mode ▲

Substance, attribut, mode
Chez Spinoza, Dieu (substance) a une multitude de manières d'être (attribut) qui ont elles-mêmes une multitude de manières d'être (mode).

Le mode d'une chose* désigne la façon que celle-ci emprunte afin de s'exprimer. Le mode est un terme particulièrement important de la pensée* de Spinoza*, qui distingue la substance*, l'attribut et le mode. Si la substance désigne ce qui vaut par soi et l'attribut ce qui exprime le trait essentiel de la substance, le mode n'est que l'expression variable de l'attribut. Une substance, parce qu'elle est substance, peut valoir sous toutes sortes de modes. Il s'agit là d'une question* de point de vue. De notre point de vue, ce qui vaut par soi, et qui est donc libre, peut s'exprimer sous quantité de modes puisqu'il s'agit là de quelque chose de libre.

Moi

Le moi désigne la réalité* de la personne* humaine, la personne humaine étant, par définition*, un moi à nul autre pareil, capable de s'affirmer en disant moi. Il convient de distinguer trois niveaux à propos du moi.

1) Le moi psychologique. L'être* humain possède une structure* grâce à son aptitude à pouvoir dire moi en identifiant ce qu'il est et en se distinguant par son moi de l'extériorité ainsi que des autres. Tout l'effort de l'éducation, comme de la psychologie*, consiste à aider la construction de ce moi.
2) Le moi pathologique. Si le moi est une structure vitale, il convient de se méfier des illusions* du moi, comme la psychanalyse* nous a invités à le faire. En donnant trop d'importance à son moi, on risque de basculer dans un narcissisme faisant passer à côté de la vie*.
3) Le moi philosophique. Descartes* a fait du moi une substance*, ce qui lui a été beaucoup reproché. Mais peut-on nier qu'il y a dans le moi humain quelque chose qui résiste ? N'est-ce pas ce moi qui nous invite à aller parfois contre nous-mêmes ou à respecter chaque homme en tant que tel ?

La force du moi
Le psychanalyste américain d'origine autrichienne Bruno Bettelheim (1903-1990) a déclaré avoir pu survivre aux camps de la mort grâce à la force du moi profond que tout homme possède en lui et que, selon lui, la psychanalyse a trop méconnu à force de valoriser l'inconscient au détriment de la conscience.

Monade

La monade est un des concepts* centraux de la philosophie* de Leibniz*. Elle désigne l'unité de base dont se compose la création*. À la différence de l'atome* qui est une parcelle indivisible de matière*, la monade n'est pas un atome mais un point mathématique dont la caractéristique réside dans le fait d'être une différentielle. Elle est ce que ne sont pas les autres points de l'univers. Aussi est-elle un point de vue unique sur l'univers, reflétant la totalité de celui-ci. Leibniz a pensé la création à partir de la monade afin de résoudre un certain nombre de conflits philosophiques, comme ceux opposant le fini à l'infini* ou l'un* au multiple.
Reflétant en effet l'univers entier selon son propre point de vue, déterminé par sa position dans

La Monadologie
Leibniz a rassemblé toute sa réflexion sur la monade dans son petit traité, écrit en 1714, *La Monadologie*. On peut résumer l'esprit de sa pensée en disant que celle-ci annonce la modernité par son approche de la réalité comme multiplicité de points de vue.

l'espace* mais aussi par son degré de perception* de l'univers, tout en étant finie, chaque monade est, de son point de vue, infinie.

Monde

Ensemble structuré d'éléments réunis par une caractéristique commune. D'où les expressions « *faire partie du même monde* », « *le monde du cinéma, de la peinture...* », « *un monde propre* », « *un monde à soi* ». Alors que l'univers, qui est souvent utilisé pour désigner le monde (l'inverse étant également vrai), véhicule l'idée* de totalité pouvant grouper plusieurs mondes, la notion de monde véhicule l'idée de différence. La phénoménologie* a utilisé la notion « d'être au monde » afin de souligner deux choses :

– l'ouverture de la conscience*. L'homme vit de s'ouvrir sur le monde et non de se replier sur sa conscience ;

– une manière de vivre le monde. L'homme n'est pas face au monde, c'est-à-dire face à quelque chose d'extérieur. Il est présent au monde comme à quelque chose d'intime. Le monde fait partie de lui. C'est là que s'élabore le sens* de sa vie*.

Monothéisme

Par opposition au polythéisme qui est la croyance* religieuse en l'existence de plusieurs dieux, le monothéisme est la foi* en un seul dieu. Propre aux religions* primitives ainsi qu'à la religion antique grecque et romaine, le polythéisme se caractérise par une présence très forte du divin dans la Nature* ainsi que dans les actions de chaque jour. Aussi est-il, à la limite, un panthéisme* voire une idolâtrie. D'où la rupture inscrite par le monothéisme, soulignant que Dieu* est autre qu'une force* naturelle ou un trait de la vie* quotidienne. Judaïsme, christianisme et islam confessent une foi dans un Dieu unique.

MONTAIGNE (Michel de)

Il est considéré comme le père du scepticisme* moderne. Contemporain, en effet, de la découverte par les premiers navigateurs de l'existence d'autres peuples, ainsi que des premiers travaux* scientifiques bousculant l'approche aristotélicienne, Montaigne (1533-1592) doute qu'il n'y ait qu'un ordre* possible de l'univers et de l'organisation sociale. Il est, en ce sens, moderne par son relativisme* et par la sagesse* qu'il enseigne. Car, alors que les hommes recherchent des certitudes, lui cherche à s'en délivrer, trouvant dans le renoncement aux idées* établies une fois pour toutes un moyen de s'accorder avec un monde* mouvant.

Doute et philosophie

On peut arriver à la sagesse par la foi, en se détachant de tout ce qui est négatif ou morbide afin de cultiver ce qui est positif. On peut aussi arriver à la sagesse par le doute, en se détachant des idées arrêtées et figées. Descartes s'en souviendra lorsqu'il s'agira, pour lui, de renouer avec le jugement en secouant les certitudes trop arrêtées de la conscience naïve.

MONTESQUIEU (Charles Louis de)

Montesquieu (1689-1755) est, par sa théorie* de la séparation des pouvoirs*, le père de l'organisation des pouvoirs démocratiques modernes. Il a trouvé une façon d'éviter (en théorie du moins) que le pouvoir politique ne bascule dans le despotisme. Rationaliste, Montesquieu est un défenseur de la loi* – sous tous ses aspects – scientifique et juridique. Aussi s'efforce-t-il, dans *De l'esprit des lois* (1748), de montrer à travers sa fameuse théorie des climats qu'il n'y a pas d'incompatibilité entre la loi scientifique, qui est un rapport constant de cause* à effet, et la loi juridique, qui est un commandement émis par une institution légitime. Les lois, en effet, expriment selon lui la Nature* et la psychologie* des peuples. Car il est dans la Nature de commander ce que les conditions naturelles incitent à faire. Alors que, par exemple, la Nature nous pousse à vivre, la morale* nous commande de vivre par l'interdiction, entre autres, de se suicider. On voit donc bien que la morale nous ordonne ce que la Nature nous prédispose à faire. Si Montesquieu est partisan de la république, parce que ce régime égalitaire fondé sur la vertu* respecte davantage la loi que le régime inégalitaire de la monarchie fondé sur l'honneur, il sait qu'aucun régime politique n'est à l'abri du despotisme. Aussi convient-il d'éviter la concentration des pouvoirs dans les mains d'un seul homme, en séparant les pouvoirs exécutifs, législatifs et judiciaires.

Morale

La morale désigne quatre choses.
1) Au sens* faible, la morale désigne une attitude individuelle que chacun s'efforce d'adopter dans sa vie* en fonction de son tempérament et de ses exigences. Plus proche de l'éthique*, qui vient du terme grec *ethos* désignant le « comportement », que de la morale, cette morale individuelle est couramment revendiquée contre la Morale avec un M, afin de préserver la liberté* individuelle face à des principes* universels jugés trop contraignants. Le risque d'une telle approche de la morale est cependant dans la possible dissolution de celle-ci, chacun appelant morale ce que bon lui semble en demandant à la tolérance d'être le principe unificateur de toutes les attitudes individuelles.
2) Au sens fort, la morale est le domaine des principes réglant l'action humaine. Tournant le dos à l'individualisme prônant une diversité de mœurs, le propre de la morale

est de proclamer son unité indivisible transcendant les individualités, en arguant du fait qu'il y a dans la vie des principes qui s'imposent à nous et grâce auxquels nous nous devons de demeurer des hommes dignes de ce nom. Ainsi, pour la morale prise au sens fort, on ne va pas discuter du fait de savoir si voler ou tuer sont des affaires de choix individuels. On discutera le fait même de vouloir en discuter, en faisant valoir qu'il y a de l'indiscutable. Poser ainsi qu'il y a, comme on dit, des choses qui ne se font pas, c'est nécessairement supposer qu'il y a un ordre* transcendant en l'homme, en regard duquel on se permet de prononcer un jugement* moral. D'où des débats animés parmi les philosophes, certains d'entre eux reprochant à cette approche de la morale d'être un acte* de foi* dans un ordre religieux, voire imaginaire, contraignant l'humanité*. Ce qui les a conduits à pratiquer un nouveau rapport à la morale sur le mode* de la démystification.

3) La démystification de la morale consiste à pratiquer un renversement en soulignant qu'elle est l'immoralité même en masquant derrière son rapport à l'idéal un refus de l'homme vivant et réel. Initié par Nietzsche* et très présent dans la modernité, ce rapport à la morale, justifié par les abus pratiqués en son nom, est nécessairement autodestructeur. Car, une fois celle-ci abolie, que faire ? Faire de l'immoralité une morale revenant à recréer sous une autre forme* ce que l'on veut détruire et dénoncer – l'immoralité revenant ici à imiter le combat de la morale–, un tel rapport se trouve acculé au paradoxe* de faire en moins bien ce qu'elle fait déjà. D'où la nécessité* de reprendre la question* autrement.

4) Karl Jaspers (1883-1969) et Emmanuel Levinas (1905-1995) ont indiqué une façon nouvelle de se rapporter à la morale, non pas en faisant la morale aux autres, ni en se contentant de la pratiquer pour soi, mais en l'envisageant comme le fondement* même de la vie. En osant ainsi approfondir l'idée* qu'il y a un ordre autre de l'humain révélé par la morale, ils ont fait de la morale un instrument de connaissance* et montré qu'il était possible d'avoir un rapport non moraliste à la morale.

Mort

La mort désigne trois choses.

1) Un fait* naturel. Les êtres* vivants sont amenés à disparaître, permettant ainsi le renouvellement de la vie*. Programmée et inscrite dans la vie, cette mort est due à l'usure et au vieillissement. D'où le fait qu'elle soit vécue souvent sereinement sur le mode* d'une acceptation de ce qui a fait son temps*.

2) Un drame existentiel. Si le savant qui n'est pas concerné par la mort peut regarder celle-ci comme un phénomène* naturel, dès lors que la mort le touche en le privant d'un être cher, il en va autrement. La mort devient un drame existentiel. Une brèche creusée dans la vie. Avec des questions* à l'appui. Pourquoi la mort ? L'homme est-il fait pour mourir ? Est-ce là sa condition ? D'où une interrogation fondamentale.

L'homme s'interrogerait-il sur la mort s'il n'avait le pressentiment d'un au-delà ?

3) S'interroger sur la mort peut tourner à l'obsession morbide. Aussi Épicure* et Spinoza* ont-ils soutenu que « *philosopher, ce n'est pas apprendre à mourir, mais apprendre à vivre* ». Cela dit, on ne saurait, sans superficialité, congédier toute pensée* de la mort. D'où l'importance de penser la mort.

Signe d'humanité

L'un des signes qui caractérise l'humanité réside dans le fait qu'elle enterre ses morts ou, tout du moins, qu'elle a des rites funéraires. C'est face à la mort, considérée comme quelque chose et non comme rien, que l'homme prend conscience qu'il est quelque chose et pas rien.

Mystique

Mystique vient du grec *mystos* qui veut dire « silence ». Le mystique est souvent, à propos de la religion*, assimilé à un exalté. En réalité, le mystique est celui qui tait en lui la voix de l'homme afin de laisser parler une autre voix, à savoir la voix de Dieu*. Adonné à une pratique faite de méditation, de silence, de prière et de jeûne, le mystique oppose souvent la voix du cœur à la voix de la raison*, la raison étant à ses yeux marquée par une volonté* de comprendre* faisant obstacle au fait* de se laisser comprendre par une dimension autre. En fait, le mystique ne tait un certain type de rapport à l'intelligence* (l'intelligence dominatrice) que pour laisser parler une autre intelligence (l'intelligence intuitive). C'est la raison pour laquelle la mystique a souvent inspiré bon nombre de philosophes.

Mythe

Le mythe désigne deux choses.

1) Un mensonge. De quelqu'un qui affabule en racontant des histoires*, on dit que c'est un mythomane. Le mythe est souvent un mensonge né du désir* d'un groupe ou d'un individu* de « s'arranger » avec le réel au mieux de ses intérêts.

2) Un dépassement. Toutes les extrapolations ne sont pas négatives. Grossir un fait* permet souvent d'en tirer la signification latente et, par là, de passer du plan humain au plan métaphysique. En ce sens, le mythe est l'ancêtre de la métaphysique*. Sous une forme* imagée, bien des mythes racontent ce qu'il en est du fondement* de la condition humaine.

Du bon usage du mythe

Platon, pourtant critique à l'égard des mythes, les a utilisés afin de résoudre certains problèmes philosophiques. Et ce parce qu'à certains moments seuls une image ou un mythe permettent, en changeant de registre, de faire comprendre que la solution que l'on recherche se situe, comme on dit, à un autre niveau.

N

Nation ▲

La nation, qui vient du terme naître, désigne la communauté des hommes qui sont nés sur une même terre, qui parlent la même langue et qui ont une culture*, des traditions et des valeurs* communes. La communauté des hommes peut se penser de deux façons :

– comme un lien dans lequel on naît et dans lequel on baigne ;

– comme un lien que l'on souhaite contracter avec les autres d'une façon volontaire.

Parce qu'on commence par baigner dans la communauté dans laquelle on vit avant de la choisir librement, il paraît difficile de vouloir dissocier ces deux formes* de communauté. Car c'est parce que l'on a des racines qui nous situent quelque part que nous pouvons devenir libres et choisir. Et inversement, c'est parce que l'on choisit de vivre en communauté d'une façon responsable

La nation, entre religion et révolution

Donnant l'impression de pouvoir être une troisième voie entre la religion et la révolution, le nationalisme a joué un rôle politique majeur au XIXe siècle en étant l'une des grandes religions politiques du monde moderne. Si ce rôle l'a conduit à favoriser l'émancipation des peuples en forgeant leur identité, il a aussi contribué à produire un orgueil et une mythologie identitaires dangereux.

que la communauté humaine devient une communauté vivante et pas simplement routinière et subie.
Depuis le XIXe siècle, la question* de la nation n'a cessé d'être au centre d'âpres débats. Tel par exemple celui opposant les partisans d'une société* fondée sur un contrat* et non sur la tradition. Celui opposant une pensée* de la tradition sur un mode* religieux et une pensée de la tradition sur un mode politique. D'où la complexité de l'idée* de nation située au centre d'intérêts divergents, celle-ci étant revendiquée tour à tour par les partisans de l'Ancien Régime contre la Révolution* et par les partisans d'un ordre* politique contre un ordre religieux.

Nature ▲

La nature désigne quatre choses.
1) Le milieu sauvage non humain – extérieur à l'homme et à la culture* –, composé des trois règnes minéral, végétal et animal.
2) L'essence* d'une chose*. Sa définition. Son trait caractéristique invariable. À cet égard, la nature comme essence et la Nature comme monde* sauvage extérieur à l'homme s'opposent, comme l'intelligible* peut s'opposer au sensible*, en témoignant d'une double façon de qualifier le réel. D'où quantité de débats interrogeant le fait* de savoir si la Nature est une réalité* sensible ou idéale.
3) Un principe* de spontanéité. Est naturel, comme on dit, le fait d'être simple, sans artifice inutile, spontané, authentique, soi-même. D'où le lien de la Nature avec le travail* artisanal réussi (Aristote*) ou la machine (Descartes*). La Nature étant efficace et fonctionnant, celle-ci est plus de l'ordre de l'art* et du grand art que du sauvage ou de l'essence.

Ce qui a pour effet d'envisager la Nature d'une façon nouvelle, au-delà du clivage sensible-intelligible*.
4) Un principe critique. Rousseau*, afin de penser la violence*, a eu recours à la notion de Nature. Car, quand la violence se banalise et devient une seconde Nature, seul le recours à la notion de Nature permet de sortir de la banalisation de la violence, en donnant à penser ce qui devrait être* et qui n'est plus.

Néant

Le néant désigne le contraire* de l'être* et par extension* l'absence de réalité* et de sens*. Comme l'a montré Parménide*, il ne saurait y avoir une philosophie* du néant. Car ce n'est pas penser que de penser le rien. Ou le rien est, et il n'est pas rien. Ou il n'est rien, et il n'y a donc rien à en dire puisqu'il n'est rien. L'être, de ce point de vue, est toujours premier. Cela dit, la notion de néant apparaît en philosophie à deux niveaux.
1) Dans la mystique*. Dieu* étant infini, rien ne saurait le décrire sans le réduire. Aussi est-ce paradoxalement le néant et le vide qui sont la meilleure expression de son infinité. Il y a, de ce point de vue, une logique* de la négativité*. Mystiquement parlant, plus on se vide des déterminations humaines et mondaines, plus on se remplit de Dieu. La voie mystique procède par le vide, le silence et la solitude.
2) Dans une philosophie de la liberté* comme celle de Sartre*. Pour ce dernier, le fait de vouloir être ce que l'on est conduisant à se figer dans ce que l'on est, c'est en niant ce que l'on est que l'on se délivre de ce qui fige. D'où la vertu* libératrice de la négation et, par là, du néant.

L'être est empâté dans l'être

C'est ce qu'écrit Sartre dans *L'Être et le Néant* (1943). D'où la sensation de nausée ressentie par le héros de son roman *La Nausée* (1938). Avoir la nausée étant pour lui le fait de ressentir douloureusement une sensation de non-liberté, dans un monde où les choses et les êtres ont tendance à vouloir être.

Nécessité

La nécessité désigne trois choses.
1) Au sens* logique, la nécessité désigne le fait qu'une chose* ne puisse pas ne pas être*.
De ce point de vue, elle s'oppose à la contingence* ainsi qu'à la possibilité. Une réponse jugée satisfaisante aboutit toujours à des réponses nécessaires montrant pourquoi il en est ainsi et pas autrement.
2) Au sens physique, la nécessité désigne l'enchaînement des causes* et des effets débouchant sur le déterminisme*. Le déterminisme qui refuse le hasard* défend l'idée* de nécessité.
3) Au sens moral, quelque chose est dit nécessaire quand il est vital ou le devient. Spinoza* a fondé toute son éthique* sur la nécessité, afin de souligner que la vie* acquiert une profondeur éthique quand ceux qui la vivent en font une affaire vitale en l'intériorisant.

Négativité ▲

La négativité vient du terme négatif et désigne le fait que quelque chose ou quelqu'un progresse en suivant une démarche négative, c'est-à-dire en procédant par soustraction et non par addition. Originellement issu de la mystique* où, pour se rapprocher de Dieu* qui est infini, le mystique se dépouille de tout ce qui est fini dans le silence, la solitude et la pratique du vide intérieur, ce terme de négativité a été appliqué à l'histoire* par Hegel* afin de rendre compte de la logique* à l'œuvre dans celle-ci.
Dans l'histoire, en effet, selon Hegel, rien ne procède comme on le suppose. Il y a une logique cachée des choses*, qui se lit à travers tout ce qui vient dépouiller l'homme et le soustraire à lui-même

afin de lui faire connaître autre chose. L'histoire, de ce fait, est une suite de mues successives. Par la négativité, Hegel a tenté de penser la logique qui préside au changement.

NEWTON (Isaac)

Newton (1642-1727) a porté la science* classique à sa perfection en réalisant son idéal de tout ramener à un principe*, à savoir la loi* d'attraction universelle expliquant aussi bien la chute des corps* que le mouvement et l'organisation des planètes dans le ciel. Newton a fortement influencé Kant* par sa conception d'un espace* et d'un temps* infinis. À ceci près que, là où il fera de l'espace et du temps infinis les sens* de Dieu*, Kant en fera les formes* *a priori** de la sensibilité*.

NIETZSCHE (Friedrich)

Avec Marx* et Freud*, Nietzsche (1844-1900) est l'un des grands maîtres à penser de la modernité, en raison des remises en question* qu'il a opérées en pratiquant un soupçon systématique à l'égard de la philosophie* tout entière. Sa pensée* se rassemble autour de trois idées* majeures.
1) La lutte contre la vengeance. Pour Nietzsche, tout part de la vengeance. Selon lui, en effet, il existe une vieille rancune des hommes à l'égard de la vie*. Ceux-ci ne veulent pas vivre. Et s'ils acceptent de vivre, c'est en faisant payer à la vie, et à ceux qui osent vivre, le fait de vivre et d'oser vivre. D'où la naissance de la raison* et de la morale* comme attitudes visant à demander des comptes à la vie. Ce qui est une inversion grave. Alors que c'est la vie qui devrait nous juger et notre aptitude à vivre qui devrait être le fondement* de toute valeur*, nous jugeons la vie

sans être des vivants. La philosophie, de ce fait, est malade. Loin d'être un engagement dans la vie, elle permet de se passer de tout engagement en agissant comme une sorte de tribunal du réel.

2) La lutte contre le nihilisme*. Il convient donc de revenir à la philosophie véritable en affirmant la vie sous toutes ses formes* au lieu de chercher à la juger. De ce fait, alors que Platon* et la religion* ont cherché à fuir le monde*, il importe de revenir au monde et au corps*. Car c'est être un adepte du néant* et du nihilisme que de vouloir renoncer au monde et au corps, alors que c'est affirmer l'être* que d'opter pour la vie mouvante pleine du devenir* du monde et du corps.

3) L'affirmation de la vie. Si la philosophie et la religion incarnent, dans les formes historiques qu'elles ont prises, une négation de la vie, tout rapport à la philosophie comme au divin n'est pas mystificateur. Ainsi la pensée des présocratiques* nous indique une voie : celle de l'innocence. Il faut apprendre à vivre d'une façon neuve. Sans demander des comptes. Sans juger. Donc, sans savoir. Ce qui implique de prendre des risques. Quand on est ainsi capable de prendre des risques, on est dans la puissance* qui consiste dans le fait de vivre pour vivre. Par pur risque. Sans chercher à dominer quoi que ce soit. On découvre le secret de la vie qui est de vouloir que la puissance revienne toujours. Quand l'homme parvient à ce stade, il n'est plus un homme, c'est-à-dire qu'il est devenu un homme ayant découvert, à la place de la vie détestant la vie, la vie aimant la vie en recherchant l'éternel retour* de la vie en toutes choses*.

Nihilisme

Dérivé du terme latin *nihil* qui veut dire « rien », le nihilisme est une philosophie* du néant* pouvant prendre trois formes*.
1) Une forme anarchiste. Né en Russie, à la fin du XIXe siècle, le nihilisme est une forme d'ultra-anarchisme récusant toute espèce de valeur*, et en particulier tout dieu et tout maître. D'où sa particularité consistant dans un individualisme virulent se nourrissant d'un athéisme radical ainsi que d'une haine de la loi*.
2) Un refus de la vie*. Nietzsche* a donné un sens* particulier au nihilisme en voyant dans celui-ci, non pas la récusation de Dieu* et de toute loi, mais une forme de haine à l'égard de la vie se masquant à travers la fuite dans la religion* ou l'idéalisme* philosophique. De ce fait, l'image* du nihilisme se trouve retournée puisque, dès lors, le nihiliste, loin d'être un homme sans foi* ni loi, est au contraire celui qui est confortablement installé dans les valeurs établies de la religion ou de la morale*.
3) Une idéologie* individualiste. Si le nihilisme revêt un rapport à la philosophie, il est aussi une mode. Ainsi, la société* moderne de consommation tend à développer un individualisme narcissique revendiquant un égoïsme cynique en proclamant qu'à part le moi* rien ne vaut. D'apparence anarchiste, cet individualisme niant toute valeur est en fait un conformisme à l'égard d'un monde* mercantile et consumériste.

« *À quoi bon ?* »
Nietzsche a annoncé que le nihilisme serait la grande maladie des sociétés modernes, la modernité ayant, selon lui, tendance à refuser la vie en s'écriant : « *À quoi bon ?* »

Nominalisme

Le nominalisme est un grand courant de pensée* du Moyen Âge, dont le représentant majeur est Guillaume d'Ockham (XIVe siècle).

Le nominalisme médiéval
Il a pris sa source dans le désir de lutter contre un ordre tant théologique que politique donné une fois pour toutes de façon autoritaire. Influencé par saint François d'Assise, car franciscain lui-même, Guillaume d'Ockham, son principal inspirateur, a cherché à travers lui à renouer une relation intime avec la création. D'où sa critique des généralités.

Le trait principal du nominalisme réside dans le fait de s'opposer vigoureusement à l'idée* selon laquelle, aux concepts* généraux formulés par l'homme, correspond une réalité*. Selon les nominalistes, l'ordre* découvert par l'homme dans la Nature* est un ordre humain et non un ordre subsistant par lui-même. Il ne correspond d'autant plus à rien de réel que dans la Nature tout est singulier. Tout étant vivant et personnel, en vertu du caractère personnel que Dieu* entretient avec chaque partie de la création*. Si le nominalisme a été un grand courant de la pensée médiévale en rupture avec la vision aristotélicienne d'un ordre de la Nature, certains courants de la pensée moderne, comme l'empirisme* ou le positivisme*, se sont déclarés nominalistes afin de réagir contre une interprétation métaphysique et non scientifique de la Nature.

Norme

La norme est ce qui est communément admis par une société* comme constituant un comportement acceptable et donc normal, parce que non dangereux à l'égard du mode* de vie* en vigueur dans cette société. Tout groupe social a des normes qui lui permettent de se régler d'une façon tacite et donc convenue. Le normal étant ce qui est conforme aux yeux d'un groupe, il n'est pas forcément rationnel ni raisonnable, un groupe humain pouvant très bien ériger en norme un comportement qui sera jugé par la suite comme dépourvu de raison*. Reste que toute norme n'est pas forcément arbitraire, son critère constant résidant dans une adaptation ainsi qu'une ouverture au groupe et donc dans une aptitude à la relation*.

Noumène

Le noumène est un terme central dans la pensée* de Kant*. Par opposition au phénomène* qui désigne la réalité* matérielle telle qu'elle apparaît au sujet*, le noumène désigne la réalité intelligible telle qu'elle apparaît à ce même sujet. Kant a utilisé le couple phénomène-noumène afin de s'affranchir du couple sensible*-intelligible* que l'on trouve chez Platon*. Intelligible et sensible, en effet, ne sont jamais des réalités en soi, mais toujours des réalités pour un sujet. Si le noumène d'un objet* n'est pas accessible, il n'en reste pas moins que la sphère nouménale, elle, l'est. D'où l'usage du terme « réalité nouménale » afin de désigner l'idée* d'une chose*.

Objectivité

L'objectivité désigne le trait majeur de l'attitude rationnelle en général, et scientifique en particulier. Par opposition à une approche subjective de la réalité* marquée par la volonté* d'envisager les choses* conformément à soi et à ses propres intérêts, l'attitude objective s'efforce d'envisager le réel tel qu'il est, indépendamment de la subjectivité humaine. D'où la démarche de l'objectivité consistant à ne saisir dans la réalité que ses traits généraux dominants acceptables par tous. Notons que l'objectivité ne réside pas tant dans le fait d'être tous d'accord que dans une représentation* du réel vérifiable par tous de par son caractère général.

Objet

Un objet désigne trois choses.

1) Une chose* sensible capable d'être perçue.

2) Ce sur quoi porte une réflexion ou un débat.

3) Ce qui est « jeté devant » (ob-jet) le sujet*.

Ce qui n'est donc pas le sujet et sur quoi le sujet va réfléchir. Dès lors que le sujet sort de lui-même en se mettant en position de réfléchir, il a affaire à des objets.

Observation

Observer veut dire deux choses :

– examiner avec soin. Être attentif à chaque détail ;

– obéir à une règle, un avis, une prescription.

L'observation est à la base de la démarche scientifique puisque, pour la science*, l'accès à l'objectivité* passe par le fait, pour un sujet*, de se plier à un objet*, en examinant chaque détail de celui-ci afin d'en donner une description complète. Toutefois, la physique quantique a remis en cause cet idéal. En faisant remarquer qu'il n'est pas possible de connaître simultanément la vitesse et la position d'un atome sans intervenir soit pour déterminer une vitesse, soit pour déterminer une position, vu l'extrême vitesse de la matière* à un niveau microphysique, la physique contemporaine a rendu problématique la notion d'observation objective, et par là même, ébranlé la foi* dans l'objectivité.

Mythe dans le mythe

Pour Hegel, Œdipe incarne, dans la mythologie grecque, ce moment où la mythologie devient consciente d'elle-même. Toute l'histoire d'Œdipe, en effet, est celle d'un homme qui découvre que les mythes ont un message qui n'est pas mythologique mais réel.

Œdipe

Œdipe est un personnage central de la mythologie grecque. Abandonné par ses parents à sa naissance à la suite d'une prophétie déclarant qu'il serait l'homme qui tuerait son père et qui épouserait sa mère, Œdipe devient effectivement celui qui tue son père et épouse sa mère. Freud* a vu dans l'histoire* d'Œdipe la structure* même de la vie* inconsciente des individus*. Comme, vers l'âge de six ans, un enfant ressent de l'attrait pour le parent de l'autre sexe et de la rivalité pour le parent du même sexe, et qu'il est obligé de refouler son désir*, comme sa violence*, afin de s'adapter à la vie familiale et sociale, ce désir et cette violence refoulés ont tendance à revenir sous d'autres formes*, en particulier des formes obsessionnelles et névrotiques quand l'individu n'est pas parvenu à les sublimer. Au-delà de cette interprétation psychanalytique, Œdipe incarne l'histoire de chaque homme, en montrant ce qui arrive quand on ne sublime pas ses pulsions primaires. On est amené à les subir. L'homme qui ne veut pas devenir un homme est condamné à subir son enfance.

Ontologie

L'ontologie renvoie à deux choses.
1) En un sens* courant, on emploie le terme « ontologique » afin de désigner ce qui, étant fondamental, renvoie à l'être* même de la réalité*.
2) D'une façon plus philosophique, l'ontologie désigne une discipline de la philosophie* qui s'attache à étudier l'être en tant que tel. Fondée par Aristote*, réactivée au Moyen Âge par saint Thomas d'Aquin*, l'ontologie a connu une éclipse avant de retrouver une vitalité avec Descartes*, et surtout dans le monde* moderne avec Heidegger*.

Détournement
Heidegger a reproché à la philosophie d'avoir fait dévier l'ontologie vers la science en recherchant la réalité ultime, au lieu de conserver à la quête de l'être un sens existentiel à travers l'aspiration à être.

Opinion

L'opinion désigne quatre choses.
1) D'abord quelque chose de négatif, ainsi que l'a montré Platon*, sous la forme* d'un discours

sans idée* tenant lieu de connaissance*. La vie* quotidienne est souvent le règne de l'opinion. Au lieu de s'adonner à la connaissance d'une façon disciplinée, chacun tend à donner son opinion sur tout, sans savoir. D'où le règne d'un discours vide qualifié d'opinion.

2) L'opinion a souvent un caractère collectif et irrationnel. On est alors dans l'ordre du bruit qui court, de la rumeur, de ce que Spinoza* a appelé la connaissance par ouï-dire. Exprimant les attentes et les peurs d'une société*, une rumeur est imprévisible. Aussi peut-elle avoir des conséquences dramatiques. D'où le caractère inconstant de l'opinion publique, plus révélateur de l'humeur d'une société que de sa raison*.

3) L'opinion n'a cependant pas que des aspects négatifs. Ainsi opiner, qui veut dire hocher la tête afin de dire oui, renvoie au fait de donner son assentiment. Donner son opinion, c'est souvent s'engager et manifester que l'on veut quelque chose. Les gens sans opinion ne veulent rien. D'où l'intérêt de l'opinion comme manifestation de la volonté* et donc de l'intérêt que l'on peut avoir. S'il importe de ne pas donner son avis sur tout ni de colporter des rumeurs, il convient aussi d'avoir une opinion et de l'affirmer, grâce à quoi les choses se mettent à progresser.

4) Platon, peu suspect de complaisance envers l'opinion, a néanmoins sauvé celle-ci en faisant remarquer qu'il y a des opinions droites. Sans savoir, on peut sentir juste. Si par exemple on ne sait pas, pour avancer, laissons-nous guider par l'amour*. Car, quand on aime, l'amour éduque et ne trompe pas. Tant il est vrai que l'amour, qui est le contraire* de la violence*, évite toujours les excès et débouche sur la mesure.

Optimisme

L'optimisme désigne le fait de penser que, dans la vie*, tout finit par s'arranger, car tout est réglé par un ordre* allant vers le meilleur et non vers le pire. Mis en place par Leibniz*, l'optimisme caractérise une foi* dans le progrès* ainsi que dans l'amélioration de l'homme.

Ordre

L'ordre désigne trois choses.
1) Le bon arrangement des choses*. L'ordre est censé régner quand les éléments d'un ensemble sont en harmonie, chacun étant à sa place en jouant le rôle qui est le sien.
2) Une correspondance entre l'homme et le monde*. Selon Bergson*, l'ordre règne quand l'homme retrouve dans la réalité* ce à quoi il s'attend. D'où le caractère psychologique de la notion d'ordre.
3) Un concept* politique. Alors que la société* moderne est une société de classes*, déterminées selon une logique* de compétition économique, la société de l'Ancien Régime était une société d'ordres, les ordres désignant une façon de ranger la société selon des fonctions*, dans un ordre hiérarchique et symbolique préalablement déterminé.

Organisme

Un organisme est un tout, organisé d'organes, assurant à chacun une fonction*. La particularité d'un organisme réside dans le fait que celui-ci est le propre du vivant. Alors que les êtres* inanimés n'ont pas la possibilité de faire preuve de mouvement, et que la machine, qui est un tout organisé capable de mouvement, n'est pas capable d'autoprogrammation ni d'échange* avec le milieu, un organisme, lui, est capable non seulement de mouvement mais d'autoprogrammation et d'échange. Descartes* a réduit l'organique au mécanique afin de s'appuyer sur le mécanisme* pour débrouiller l'énigme du vivant, la machine étant, par ses automatismes, ce qui rapproche le plus de la spontanéité. Depuis, la tentation demeure de faire passer le mécanique pour du vivant et le vivant pour du mécanique, en abolissant l'écart séparant la Nature* de l'artifice. Kant*, pour cette raison, a fermement rappelé la distinction séparant le mécanique du vivant.

Origine

L'origine désigne deux choses.
1) Le commencement de quelque chose dans l'espace* et dans le temps*.
2) Les causes* qui expliquent l'apparition d'un événement*, ou bien encore le fondement* qui lui donne sens*. On commet fréquemment une confusion entre commencement et origine, en réduisant l'origine au commencement.
Aussi importe-t-il de les distinguer, en particulier dans les débats concernant l'origine de l'univers ou de la vie* qui renvoient à une problématique du fondement et non du commencement.
La phénoménologie* s'intéresse beaucoup à l'origine, son problème* étant de saisir, à travers l'origine et l'originaire, l'authentique expérience* vivante laissant apparaître l'être* ou permettant au sens de se constituer.

Question de moi
Dans les *Méditations métaphysiques* (1640), Descartes a souligné que l'homme avait une identité qui n'a rien à voir avec celle d'un homme situé dans l'espace et dans le temps, avec tel ou tel parent. Et ce parce que l'homme a un moi original qui n'a rien à voir avec son moi biologique. Cette approche de l'homme par Descartes illustre bien la notion d'origine.

P

Panthéisme ▲

Dérivé du grec *pan* qui veut dire « tout » et du grec *theos* qui veut dire « dieu », le panthéisme est une doctrine pour qui le divin est, non pas transcendant, mais situé partout dans la Nature*. La forme* naïve du panthéisme consiste à dire que tout est divin. Sa forme plus élaborée, que l'on trouve philosophiquement constituée chez Spinoza*, consiste à dire que tout est en Dieu* et qu'inversement Dieu est présent partout. Si le panthéisme a le sens* de la présence vivante du divin dans la réalité*, son risque est de dissoudre cette notion du divin en la confondant purement et simplement avec ce qui est. D'où une réaction de la théologie*, en particulier, contre le panthéisme afin de souligner que Dieu n'est pas forcément ce que nous appelons réel.

Paradoxe

Kierkegaard
Il a défendu le paradoxe en y voyant un moyen d'ébranler les pensées trop sûres d'elles pour renouer avec ce que la vie possède d'irréductible.

Le paradoxe, qui vient du grec *para* qui veut dire « contre » et de *doxa* qui signifie « opinion* », est une formule contradictoire allant contre les évidences et les opinions communément admises. Si le paradoxe est stimulant pour la pensée* en allant à contre-courant des pensées trop convenues, manier le paradoxe relève d'une pratique* souvent stérile de l'outrance et du défi. Aussi ne saurait-on abuser du paradoxe.

Paralogisme ▲

Venant du grec *para* qui veut dire « contre » et de *logismos* qui veut dire « raisonnement », le paralogisme est un raisonnement qui va contre la logique* courante. Par extension*, un paralogisme renvoie à un raisonnement qui donne l'impression d'être rigoureux, mais qui, en réalité, ne l'est guère. Kant*, dans la *Critique* de la raison* pure* (1781), a utilisé la notion de paralogisme pour critiquer les raisonnements que la métaphysique* tient sur l'immortalité de l'âme*. En effet, d'après lui, ce n'est parce que l'homme peut douter de tout – sauf du fait qu'il pense, ainsi que l'a montré Descartes* – qu'il faut en conclure que l'âme est immortelle. Car, s'il est logique de penser que l'homme ne peut pas ne pas penser ce qu'il pense quand il pense, cela ne nous permet nullement d'en conclure que l'homme a une existence* immortelle. On ne peut pas ainsi, sans paralogisme, passer de la cohérence logique d'une proposition à un énoncé au sujet* d'une existence, l'existence se dévoilant à travers une expérience* et non à travers un raisonnement.

PARMÉNIDE

Parménide (v. 515-v. 440 av. J.-C.) est un penseur présocratique* de l'école d'Élée (Italie du Sud). On doit aux Éléates*, et à Parménide en particulier, d'avoir souligné le rôle majeur des idéalités dans la constitution du réel. Lorsqu'il s'agira, en effet, de méditer sur l'essence* de la réalité*, Parménide soutiendra deux thèses qui ont marqué toute l'histoire de la pensée*.

1) L'être* est, le non-être n'est pas.

2) « *Être et penser sont le même.* » En excluant le non-être et, à travers lui, tout ce qui relève du changement et du mouvement, Parménide a mis en évidence les fondements* mêmes de la logique*, qui résident dans une exigence de non-contradiction. Il a, en outre, montré que ce qui est stable est plus profond que ce qui change, puisque, si tout change, le changement lui-même ne change pas. D'où le lien de la pensée avec le réel, ce qui vaut pour la pensée valant pour le réel.

Le péché originel de la pensée occidentale

Bergson a fermement critiqué Parménide en voyant en lui le péché originel de la pensée occidentale. Car insister, comme Parménide l'a fait, sur l'être et la stabilité revient à figer la vie dans l'espace afin de la dominer, au lieu de la laisser s'écouler d'une façon multiple et créatrice.

PASCAL (Blaise)

Pascal (1623-1662), qui fait partie des grands penseurs du XVIIe siècle qui ont réagi à Descartes* et critiqué celui-ci, a développé une pensée* d'inspiration religieuse s'articulant autour de trois points majeurs.

1) Face à l'attitude dogmatique prétendant pouvoir affirmer, en étant sûre d'elle, que le fondement* de la réalité* réside dans l'homme ou dans la Nature*, il importe de constater que la réalité apporte un démenti cinglant à cette attitude trop assurée. Rien dans le monde* n'est stable. Tout branle, comme le disait Montaigne*. Tout change. Tout est contradictoire, l'homme étant un tissu de contradictions*, et la Nature étant fort embrouillée.

Un effrayant génie

On doit à Pascal une réflexion sur l'aliénation et les contradictions de la condition humaine qui, par son côté prophétique, lui fait encore mériter l'éloge que lui fit son principal adversaire Voltaire (1694-1778) en déclarant : « [Pascal] *cet effrayant génie.* »

2) Cependant, face à l'attitude sceptique que l'on pourrait être tenté d'adopter face à l'universelle contradiction de toutes choses*, il importe d'apercevoir que l'homme n'est pas rien, puisqu'il est capable de prendre conscience* de ses contradictions. Et donc, face à ces contradictions, de comprendre* que sa réalité réside ailleurs qu'en lui ou dans la Nature.
3) En fait, le dogmatisme* comme le scepticisme* ne sont pas des réponses et ne doivent pas être considérés comme telles, bien que ce soit malheureusement le cas. Ce sont avant tout des signes* d'un désarroi dans la pensée et, plus en profondeur, dans la condition humaine. La vérité* est que l'homme n'est pas ce qu'il est et qu'il est ce qu'il n'est pas. Exclu de ce qui devrait être son identité* véritable ainsi que sa grandeur*, celui-ci a tendance à rechercher son identité perdue dans des paradis artificiels en se divertissant.
D'où un surcroît de malheur l'éloignant encore plus de lui-même et le faisant douter de tout, du fait de cet échec. Seule l'expérience* tragique de ses contradictions et de ses impasses finit par inviter l'homme non plus à se divertir, mais à se convertir à une autre dimension, en l'occurrence la dimension religieuse, la religion* étant cette lumière, au sein des contradictions de l'humanité*, faisant réaliser à celle-ci que le divertissement et la vie* embrouillée ne sont pas une solution.

Passion

La passion désigne quatre choses.
1) Au sens* le plus courant, la passion renvoie au fait de subir un sentiment ou un désir*, au point d'en devenir complètement esclave et, par là même, aveuglé sur sa réalité* propre, celle des autres et du monde*. Le terme passion, qui renvoie au latin

patior et au grec *pathos* qui veulent dire « subir » et « souffrir », a, ici, un caractère pathologique, obsessionnel, névrotique. Aussi la passion est-elle la principale des maladies de l'âme* que philosophes et théologiens, avant la psychanalyse*, se sont efforcés de guérir en proposant divers exercices d'oubli et de transfert.
2) Dans un sens tout aussi courant, la passion signifie l'enthousiasme. Platon* a défendu l'enthousiasme (littéralement « l'endieusement ») en voyant dans une certaine forme* d'exaltation et d'intense attrait pour quelque chose ou quelqu'un, la naissance de l'intérêt, source de la pensée*. De ce point de vue, le mal* ne réside pas dans la passion mais dans l'absence de passion, ou apathie.
3) Négative mais aussi positive, la passion est, ainsi que l'a montré Descartes, un mouvement de l'âme. L'âme, qui peut agir en pensant, peut subir en éprouvant des sentiments. Sans préjuger de ces mouvements, il est possible d'apercevoir leur mécanisme*, en les étudiant objectivement. D'où un regard différent jeté sur la passion, consistant non pas à se confondre avec elle ou à l'exclure, mais à comprendre* la logique* de la vie* et du désir qui se noue à travers elle.
4) La passion renvoie enfin à ce que l'on désigne lorsqu'on parle de la Passion du Christ. Il s'agit là, de souffrir, au sens de supporter et de porter. Le Christ est dit avoir supporté l'épreuve de la mort* afin de faire triompher la vie.

Pensée

Penser veut dire trois choses.
1) Réfléchir en prenant du recul sur les choses* afin de se les représenter.

2) Faire attention à. Tourner son esprit* vers. Par exemple, penser à l'autre, faire attention à lui.
3) Se souvenir de. Avoir la mémoire* de. Penser à un être disparu ou absent par exemple. Ces trois sens* de la pensée (conscience*, attention, mémoire) donnent à celle-ci son caractère spécifique.
La pensée, en effet, renvoie au fait d'être une conscience et pas simplement au fait d'être intelligent en se représentant les choses autour de soi. Le penseur, par la représentation* qu'il donne de la réalité*, nous incite à faire davantage attention à celle-ci, ainsi qu'à avoir une mémoire de la pensée, face à un monde* oublieux de la pensée.

Pensées des penseurs
« Penseurs sont gens qui pensent et qui pensent que ce qui fut pensé n'a jamais été assez pensé. »
Paul Valéry (1871-1945).
« Toute la dignité de l'homme réside dans sa pensée. »
Blaise Pascal.

Perception

La perception désigne deux choses.
1) La réception. Tout organisme* vivant ne cesse d'entretenir des relations* avec son milieu. Sollicité de multiples façons par celui-ci à travers toutes sortes d'excitations nerveuses, il les décode et y répond à son tour à travers un code.
2) L'anticipation. Percevoir, ce n'est pas simplement recevoir d'une façon passive un certain nombre d'impressions et s'y adapter en vertu d'un dispositif établi par la Nature*. C'est aussi faire preuve de jugement* et, par là, de symbolisation, en étant capable, dans les impressions reçues, de distinguer l'essentiel de l'accessoire ou le sens* caché du sens apparent. La perception, de ce point de vue, s'apparente à l'intuition* et à la finesse. L'être* dit « éveillé » saura percevoir la profondeur des choses* là où l'être « endormi » ne percevra rien. Il n'attendra pas de voir pour sentir, ni d'avoir une démonstration* pour comprendre*. Les philosophes n'ont pas cessé de se pencher sur cet aspect singulier de la perception

en se demandant d'où il venait. Si Platon* a fait dériver la perception d'un acte* purement intellectuel, les empiristes comme Hume* ont dérivé la perception des sens eux-mêmes, en soulignant que les sens sont capables de jugement. En fait, s'il ne suffit pas simplement de réfléchir pour percevoir, la perception impliquant une expérience* vécue, il ne suffit pas non plus d'avoir des sens pour percevoir, la perception impliquant d'avoir une aptitude au sens et pas simplement des sens. Aussi est-ce Maurice Merleau-Ponty (1908-1961), dans la *Phénoménologie* de la perception* (1945), qui a indiqué une voie nouvelle à travers la phénoménologie. Pour comprendre la perception, il importe de partir de l'attitude de l'homme tout entier, et de sa façon de vivre le monde* dans lequel il se trouve en lui donnant du sens. La perception revêt alors le caractère d'une opération liant le un* et le multiple (sur lesquels tous les philosophes ont réfléchi), en faisant passer le multiple à la limite dans le un ou le un à la limite dans le multiple.

Personne

La personne désigne deux choses.

1) Un caractère juridique. Primitivement, la personne désignait le masque que l'acteur du théâtre tragique grec mettait afin de jouer son personnage. La personne s'est mise ainsi à désigner le sujet* humain, en tant qu'il joue un rôle et qu'il a une fonction* légitimement reconnue. D'où la notion de personne en vigueur dans le droit* afin de désigner le sujet humain en tant qu'il est sujet du droit et sujet de droit. En tant donc qu'il représente et incarne une valeur* morale et juridique, du fait qu'il exerce une fonction morale et juridique.

2) Un caractère intime. La relation* personnelle s'oppose à la relation impersonnelle. Elle suppose un engagement de toute sa personne. Une active présence de soi à soi et une capacité de faire vivre cette présence à soi partout. D'où le lien entre la personne et l'esprit*, la personne étant, par sa présence, la manifestation même de l'esprit. Comme l'esprit est ce qui donne du sens* à la vie*, on comprend* qu'il ait une valeur en lui-même et que Kant* ait conféré à la personne le sens d'être une fin en soi. Aujourd'hui, ce sens demeure, puisque la dignité de la personne humaine est au fondement* des valeurs défendues par la civilisation* moderne. Il existe toutefois une tendance à confondre la personne et la subjectivité. Si l'homme a une dignité en tant que personne, ce n'est pas en raison de sa particularité égoïste, mais du fait de son aptitude à représenter quelque chose en incarnant le droit et l'esprit. Ce que l'on défend donc à travers la dignité de la personne, c'est la relation même de l'homme au sens, autrement dit le sens de l'homme et pas simplement l'homme.

Pessimisme

Le pessimisme caractérise l'attitude ne nourrissant aucune illusion* quant à la condition humaine. Trait essentiel de la pensée* de Schopenhauer*, le pessimisme est avant tout une vigoureuse réaction contre le progrès* et ses illusions et, en particulier, contre l'optimisme* de Leibniz* qui pensait que tout conspire en vue du meilleur. Influencé en cela par la pensée indienne et orientale, Schopenhauer a défendu l'idée* que, dans un monde* plein de souffrances du fait du désir* et du vouloir vivre, multiplier le désir au lieu d'y renoncer revenait à croire qu'avec un poison on fait un remède. D'où la sagesse* des philosophies* prônant le renoncement, telle la sagesse ascétique indienne ou chrétienne. Provenant d'un désir de ne pas se réconcilier avec le monde tel qu'il est afin de ne pas être dupe de celui-ci, le pessimisme de Schopenhauer n'a jamais pensé qu'il n'y avait aucune solution. Dans la plus pure tradition métaphysique*, il a pensé qu'il y a une solution au-delà des apparences*. Quand le pessimisme devient une simple vision noire de la réalité, il tourne au fatalisme* voire à l'attitude morbide. Aussi Nietzsche*, après s'en être inspiré, a-t-il violemment critiqué le pessimisme de Schopenhauer, en dénonçant le risque qu'un refus des illusions ne conduise à la destruction pure et simple de la vie*.

Ascèse
Vient du terme grec *askesis* qui veut dire « exercice ». Terme en vigueur dans la mystique en général, l'ascèse désigne le fait de s'exercer à Dieu en dépouillant l'homme que l'on a en soi, afin de laisser vivre Dieu en soi. Acte au départ positif, l'ascèse est souvent entrevue comme l'acte négatif de se restreindre ou de se mortifier – ce qui est un contresens.

Phénomène

Phénomène vient du terme grec *phainestai* qui veut dire « apparaître ». À ce titre, le phénomène renvoie à l'apparence* qui peut avoir deux significations.
1) L'apparence peut être appréhendée comme le côté superficiel de la réalité*. Ce qui apparaît au premier coup d'œil. Ce qui renvoie à une vue hâtive dépourvue de réflexion.
2) L'apparence peut être cependant entrevue également comme le fait d'apparaître, de se manifester. Loin d'être alors superficielle, l'apparence est la profondeur même, puisque c'est en apparaissant que la réalité se met à être véritablement. Hegel* a écrit toute *La Phénoménologie* de l'esprit** (1807) afin de montrer que l'essence* et l'apparence désignent une seule et même réalité.

La profondeur des apparences
Paul Valéry (1871-1945) a bien résumé la profondeur qu'il peut y avoir dans les apparences, en disant que la chose la plus profonde qu'il y avait en lui, c'était sa peau.

Phénoménologie ▲

Science* des phénomènes*, la phénoménologie peut être entrevue de trois façons.

1) D'une façon hégelienne. Hegel*, en effet, a écrit *La Phénoménologie de l'esprit** (1807) et consacré ce terme dans l'histoire* de la philosophie* afin de délivrer celle-ci d'un conflit paralysant. L'histoire de la philosophie, en effet, n'a cessé d'être traversée par le conflit opposant idéalistes et empiristes. À l'idéalisme* soulignant qu'il faut passer par l'idée* pour accéder au réel, l'empirisme* a rétorqué, de manière continue, qu'il fallait passer par le réel pour accéder à l'idée. Désireux de s'affranchir de cette alternative entre une idée sans expérience* et une expérience sans idée, Hegel a montré que, dès lors que l'on envisage le phénomène sensible comme apparition de ce qui devient réel et non comme apparence*, il devient possible de surmonter l'opposition entre idée et expérience, l'idée ou essence* étant envisagée comme ce qui devient essentiel parce que cela devient réel, et l'expérience étant prise, de son côté, comme ce qui devient réel parce que essentiel. D'où une nouvelle approche du réel, sous la forme non plus d'une idée ou du sensible*, mais d'un devenir* en construction.

2) De façon husserlienne. D'une autre façon, Husserl* a repris le terme de phénoménologie afin de sortir du dilemme opposant le scientisme et le « psychologisme » à propos de la connaissance*. Convaincu que la connaissance ne repose ni sur une simple affaire de logique* ni sur une attitude psychologique ou subjective, il a souligné que c'est dans l'activité de la conscience* afin de donner du sens* à son rapport au monde*, que celle-ci se construit. D'où l'apparition, chez Husserl,

du concept* central de présence, afin d'élucider le socle véritable sur lequel se fonde la connaissance humaine.
3) De façon heideggerienne. Élève de Husserl, Heidegger* a repris son projet d'établir une phénoménologie de la présence, en infléchissant toutefois le sens de celle-ci. Car, alors que pour Husserl la présence est le fait de la conscience, pour Heidegger, elle est le fait de l'être* au-delà de la conscience, la présence étant sollicitée par l'histoire métaphysique de l'homme.

Penser parce que l'on vit
On peut comprendre la démarche de Heidegger en se rapportant à Nietzsche qui pensait que l'important n'est pas de vivre parce que l'on pense, mais de penser parce que l'on vit.

Philosophie

La philosophie est, comme son nom l'indique, l'amour* de la sagesse*. L'amour de la sagesse signifie que la philosophie se tient à l'écart de trois extrêmes.
1) Si la philosophie se caractérise par un rapport au savoir, elle n'est pas une science*, au sens* où son but est non pas de connaître objectivement la réalité* afin de pouvoir opérer sur celle-ci, mais de questionner l'usage que l'on peut faire du savoir comme de l'action sur le réel. En ce sens, la distance qui sépare la philosophie de la science est celle que l'on peut trouver entre la raison* et la raison d'être*, ou encore entre l'explication et la réponse. Si la science fournit des explications rationnelles, elle est incapable de fournir des réponses et des raisons d'être. Aussi a-t-on besoin d'une sagesse et pas simplement d'une science. En étant l'ami de la sagesse, le philosophe en est le gardien dans la cité*, en exerçant une fonction* critique à l'égard de la science et, plus généralement, à l'égard du désir* d'opérer sur le réel.

Contre la superficialité et l'aveuglement
La pratique de la philosophie au lycée ainsi qu'à l'université n'a pas d'autre sens que d'enseigner aux futurs citoyens à acquérir un sens raisonné de la profondeur des choses, afin d'éviter la superficialité et l'aveuglement.

2) Si, par ailleurs, la philosophie se caractérise par un désir de dépasser la simple raison afin de découvrir une raison d'être ainsi qu'une réponse face aux grandes interrogations humaines sur l'existence*, son rapport à la raison d'être, ainsi qu'à la réponse, n'est jamais sentimental. Il est toujours raisonné. D'où la distance de la philosophie à l'égard de tout ce qui relève de l'exaltation et de la passion* au sens pathologique. L'amour de la philosophie pour le fondamental reste toujours raisonné. Il incite toujours à penser.
3) Entre l'attitude purement technique à l'égard de l'existence et la quête d'une ivresse ou d'une drogue, la philosophie s'efforce d'être une élévation pensée de l'existence. Elle s'efforce de montrer aux hommes que la vie* possède des ressources spirituelles immenses, pour peu que l'on se mette à penser. Aussi, philosopher, est-ce vivre avec la pensée*, ainsi que l'a écrit Vladimir Jankélévitch (1903-1985).

Vladimir Jankélévitch : *« On peut vivre sans philosopher, mais on vit moins bien. »*

Plaisir

Le plaisir, comme son nom l'indique, renvoie à ce qui plaît. Ce qui plaît peut avoir deux sens*.
1) On a du plaisir quand on est soulagé parce qu'un de nos besoins* ou un de nos manques se trouve satisfait. Le plaisir, ainsi confondu avec la satisfaction, s'il soulage, ne comble pas et ne délivre pas. Car il reste dépendant du monde* extérieur et matériel. En outre, la satisfaction débouche souvent sur l'ennui. Aussi ne faut-il pas confondre le plaisir et la joie*, le plaisir étant la satisfaction d'un appétit alors que la joie est un libre rapport à l'existence* n'ayant pas besoin du plaisir pour être joyeuse.
2) Ainsi que l'a montré Kant*, il existe un plaisir supérieur sous la forme* du goût* et de la beauté.

Le plaisir ne renvoie plus alors à une satisfaction intéressée, mais à une satisfaction désintéressée. Ainsi, un tableau nous plaît non pas parce qu'il nous soulage, mais parce qu'il nous offre la possibilité de découvrir notre liberté* en percevant toutes sortes de significations, voire en inventant celles-ci par un jeu* de notre imagination*.

PLATON

Si Socrate* a éveillé la philosophie* par ses questions*, Platon (428-348 av. J.-C.) l'a mise en forme* d'une façon systématique en recueillant l'enseignement de Socrate. Sa pensée* se fonde sur trois idées* majeures.

1) Le refus de la sophistique. À l'époque où Platon a rencontré Socrate, sévissaient un certain nombre de philosophes dispensant, contre de l'argent, des cours de rhétorique afin de briller dans les assemblées et, ainsi, conquérir le pouvoir* en se faisant élire grâce à la séduction exercée par leurs discours.
Davantage attentifs à la forme qu'au fond, flattant démagogiquement la foule en vantant la relativité de toutes les valeurs* et donc la possibilité pour chacun de se faire « ses » valeurs, les sophistes* n'ont cessé d'être critiqués par Platon qui leur reprochera trois choses :

– il ne suffit pas d'être un bon communicant pour diriger une cité*. Encore faut-il avoir des idées et un projet ;
– le relativisme* ne conduit pas à la liberté* et à la démocratie*, mais à la tyrannie*. Car tout relativiser rend impossible le fait de taxer la tyrannie d'erreur* et de mensonge en la critiquant ;
– le vrai doit l'emporter sur le plaisir* et non l'inverse, la vie* facile qui consiste à se faire plaisir, entraînant toujours l'égoïsme et le mensonge.

Heidegger
Ce dernier a souvent répété au cours de son enseignement que, depuis Platon, la philosophie n'avait fait que rajouter des notes en bas de page de son œuvre, Platon ayant dit l'essentiel ou presque.

2) L'affirmation des idées. Refusant avec virulence une vie facile et sans projet, Platon va substituer à cette existence* vide la vie avec les idées. Les idées sont les formes qui font vivre la matière*. Si les idées, que personne ne peut voir ni toucher, n'existaient pas, le rapport au réel ne serait pas possible. Aussi n'est-il pas exagéré de dire que le réel que nous voyons se fonde sur les idées invisibles que nous ne voyons pas. Et ce, d'autant plus que ceci est encore plus vrai pour la morale*, la vie humaine prenant forme en se modelant non pas sur la Nature* et les faits*, mais sur des principes* dépassant la Nature. D'où l'importance des notions de bien* et de justice*, le bien et la justice consistant dans l'existence d'un ordre* éclairant la vie humaine en plaçant à la base de celle-ci comme exigence, le fait de se donner des principes.

3) Désireux que la cité des hommes ne recommence plus jamais à tuer ce qu'elle a de meilleur (ce qu'elle avait fait avec Socrate), Platon a imaginé de bâtir un ordre politique qui défende la philosophie. Aussi a-t-il imaginé un monde* dans lequel – l'économie étant la base de la cité et l'armée protégeant la cité – le philosophe serait là pour éduquer tout le monde dans la mesure, afin que ni l'argent ni la force* ne prennent le pouvoir mais qu'ils servent l'éducation des hommes.

PLOTIN

Plotin (v. 205-270) est le grand penseur du néoplatonisme. Ainsi que son nom l'indique, le néoplatonisme consiste dans un retour à Platon* que certains penseurs de l'Antiquité tardive, dont Plotin, ont pratiqué, l'estimant nécessaire. La pensée* de Plotin, fortement inspirée par la dialectique*

du *Banquet* de Platon – où il est question d'une possibilité d'accéder au monde* des idées* et de l'intelligible* en partant de la contemplation* des beaux corps* – se rassemble autour de deux idées majeures.
1) Le Un*. Comme Platon, Plotin a pensé que le monde tirait sa cohérence d'un principe* d'unité garantissant sa cohésion. Si Platon a relié ce principe d'unité à un principe de justice*, Plotin l'a relié au Un, le Un désignant un principe d'harmonie ineffable. D'où le côté mystique de sa pensée.
2) L'émanation. Pour expliquer le lien du Un avec le monde, Plotin a eu recours à la théorie* singulière de l'émanation soulignant que plus on s'éloigne du Un plus on se matérialise, et plus on s'en rapproche plus on se spiritualise. D'où la possibilité de se rapprocher du Un en s'unifiant et en se concentrant. Il y a dans l'émanationisme, une approche très moderne avant la lettre de la notion de transformation qualitative permettant de comprendre les mutations auxquelles procède parfois la vie*.

Politique

Tiré du terme grec *polis* qui désigne « la cité* », la politique désigne trois choses.
1) D'abord un art*. Celui de gouverner la cité en ayant un certain projet d'ensemble, en suivant une certaine démarche, en faisant preuve d'une certaine logique*. D'où l'usage du terme politique afin de désigner, à travers le fait d'« avoir une politique », un projet réfléchi concernant la cité.
2) Ensuite, une activité. Faire de la politique, c'est s'engager dans la bataille pour la prise du pouvoir* afin d'avoir la possibilité d'appliquer ses idées* et, ainsi, les faire triompher.

Les raisons d'une crise
Tous les problèmes que rencontre la politique viennent de la dissociation de ces trois termes – art, activité, domaine – donnant par exemple naissance à des projets sans pouvoir ou à un pouvoir sans projet ni pensée.

3) Enfin, un domaine. L'État* et les institutions qui gouvernent la cité forment un domaine spécifique distinct du pouvoir économique. L'utilisation du terme politique au masculin sert à désigner ce domaine qui a sa logique* propre. Entre la politique comme art de gouverner la cité, la politique comme activité de conquête du pouvoir et la politique comme domaine spécifique avec ses lois*, on a affaire à des sens* divergents de la politique. Tout l'art de la politique, toute sa science* également vont consister à maintenir ensemble ces trois sens afin de donner toute sa signification au mot « politique ». Ainsi, il ne suffit pas d'avoir un projet. Encore faut-il le réaliser en prenant le pouvoir et en connaissant les rouages de l'État. De même, il ne suffit pas de prendre le pouvoir, encore faut-il avoir un projet, ainsi que le sens de l'État. Enfin, la politique ne se résume pas au simple fonctionnement technique d'une mécanique administrative ou gestionnaire, encore faut-il avoir un projet et oser le défendre.

Positivisme

Le positivisme est une doctrine* née au XIXe siècle à la suite d'Auguste Comte*. Caractérisé par sa défense de la science* et de l'esprit* scientifique, particulièrement de la méthode* expérimentale, et opposé à toute démarche métaphysique, le positivisme se veut positif. Être positif, en l'occurrence, consiste à ne pas être négatif en niant la réalité* qui est la nôtre au profit d'une autre réalité. Pour l'esprit positif, il n'y a pas d'autre réalité que notre monde*. Aussi est-il vain de vouloir rendre compte du monde où nous sommes en se demandant pourquoi il existe, ce qui suppose qu'une autre réalité rende compte du réel où nous sommes. Au lieu de se demander pourquoi le monde existe, il est plus pertinent, comme le fait la science, de se demander comment il existe, afin d'améliorer son fonctionnement.

Possible

Le possible désigne ce qui n'est pas mais ce qui pourrait être. Sans être réel, le possible est une idée* qui ne possède, *a priori**, rien qui l'empêcherait de devenir réelle.

Postulat

Un postulat est une proposition que l'on ne peut pas démontrer mais que l'on demande d'accepter comme telle au début d'un raisonnement, et dont le développement va montrer la pertinence. En mathématiques*, Euclide (IIIe siècle av. J.-C.) a fondé toute sa géométrie sur des postulats préalables correspondant à ce qu'un homme a l'habitude de voir. En morale*, Kant* a exposé que, si la métaphysique* ne peut démontrer l'existence* de Dieu*, de l'immortalité de l'âme* ainsi que de la création* du monde*, en revanche, la morale, elle, demande que ces idées* métaphysiques existent. Car, afin de pouvoir nous parfaire, il faut supposer qu'une réalité parfaite existe. Et ce, parce qu'il serait contradictoire de vouloir se parfaire sans supposer l'existence d'une réalité parfaite.

Pour soi

Par opposition à l'en-soi* qui désigne l'état* d'un être* indépendamment de tout rapport à un sujet*, le pour soi désigne l'état d'un être dans son rapport à lui-même. On est en soi quand on est dans l'état d'une chose* donnée telle quelle. On est pour soi quand, revenant sur soi, on se réfléchit et on se pose comme sujet conscient. D'où le lien du pour soi avec la conscience* et le moi*.

Pouvoir

Pouvoir veut dire :
– être capable de, avoir la capacité de ;
– maîtriser ce qui n'est qu'une possibilité afin de faire advenir celle-ci comme réalité*.
Quand le fait de pouvoir joue son rôle, le pouvoir comme capacité maîtrisée débouche sur la création* de nouvelles capacités.
D'où, dans ce sens*, l'aspect positif et nécessaire du pouvoir. Il faut vouloir pouvoir et ne pas avoir peur de pouvoir, faute de quoi, impuissant, on ne fait rien. On est incapable de quoi que ce soit. Cela dit, le pouvoir n'a pas que cet aspect.
Le pouvoir incarne en effet la violence*, quand on a affaire à un abus de pouvoir. Cet abus de pouvoir se produit quand, à l'occasion d'une capacité que l'on possède, on abuse de cette capacité qui confère un avantage sur les autres, afin de les dominer. En outre, au-delà de la capacité personnelle dont on peut faire preuve, afin de pouvoir agir, la société* confère à certains de ses membres l'autorisation de pouvoir user de la force* afin de faire respecter la loi* en toute impunité. Certains peuvent être tentés d'utiliser cette impunité à leur profit. D'où l'apparition d'un pouvoir arbitraire à l'abri de la loi. Enfin, lorsque dans la société existe un certain consensus à propos d'une certaine manière de penser ou d'agir, ce consensus peut conférer une certaine légitimité. D'où la possibilité

Vouloir et pouvoir
Ces deux termes sont souvent opposés. Mais est-on en droit de le faire ? Peut-on parce que l'on veut ? Ou veut-on parce que l'on peut ? Faut-il vouloir pouvoir pour pouvoir ? Ou pouvoir vouloir pour vouloir ? À l'évidence, la volonté crée son propre pouvoir comme le pouvoir crée sa propre volonté.

de manipuler habilement celui-ci à des fins personnelles afin d'imposer une certaine façon de penser et d'agir.
Compte tenu de cet aspect violent à côté de son aspect dynamique, on pourrait penser que la notion de pouvoir est essentiellement relative et contradictoire. Ce qui n'est pas le cas. Car, entre l'aptitude et la violence, existe un troisième terme capable de convertir la violence en capacité, à savoir l'autorité. L'autorité, qui n'est pas l'autoritarisme, consiste à faire preuve de compétence au point d'être reconnu par autrui* et d'être ainsi autorisé à dire ou à agir. Imprévisible parce que profondément dans la personnalité – tant d'individus* que d'une collectivité –, cette autorité n'est pas pour autant irrationnelle, celle-ci se fondant sur une compétence ainsi que sur un processus de reconnaissance. D'où l'aspect étonnant du pouvoir, celui-ci pouvant surgir de la façon la plus surprenante qui soit, comme un événement* dynamisant une société.

Pragmatique

Le pragmatisme qui vient du terme grec *pragma* qui veut dire « chose* », renvoie au fait d'être concret et d'avoir le sens* pratique* des choses, voire un sens terre à terre des choses. Thématisé par le philosophe américain William James (1842-1910), pour qui une idée* n'était vraie que si elle pouvait s'avérer féconde en étant en accord avec la réalité*, le pragmatisme est aujourd'hui revendiqué par les tenants d'une pratique de la communication considérée comme critère de validité de la connaissance* comme de l'action.

Pratique

La pratique signifie trois choses.
1) Le fait d'être efficace et d'avoir, comme on dit, l'esprit* pratique en sachant agir et se servir de ce qu'il faut afin d'agir.
2) Le fait d'exercer un art*, une science*, de vivre sa religion* ou sa philosophie*, de « pratiquer » ses idées* par le fait de les mettre en pratique en les vivant.
3) Le fait d'être moral. C'est Kant* qui a donné ses lettres de noblesse à la notion de pratique. Primitivement, la philosophie était non pas un discours sur la sagesse* mais l'action d'être sage. À la suite du développement de la science et de l'importance exagérée donnée à la théorie*, la philosophie a eu tendance à devenir un discours sur la sagesse plus que l'action d'être sage. D'où le projet kantien de revenir à l'essence* même de la philosophie, en faisant de la pratique, c'est-à-dire de l'action d'être sage, l'essence même de l'acte* philosophique et non la simple application d'une théorie.

Théorie et pratique
On oppose souvent ces deux termes. Ce qui, s'agissant de la pensée, n'a pas de sens. Car tout acte de pensée est nécessairement pratique, étant donné que, pour penser, il n'y a qu'une méthode : penser en faisant le saut dans la pensée par un engagement de soi en elle.

Prédicat

Le prédicat est un terme utilisé en logique* afin de désigner un énoncé qui est attribué à un sujet*. Dans la phrase « Socrate* est un philosophe », philosophe est le prédicat du sujet Socrate.

Préjugé

Le préjugé qui renvoie au fait de juger une chose* ou une personne* avant de la connaître, renvoie au fait d'avoir, comme on dit, des idées* toutes faites, des idées préconçues. Alors que la philosophie* s'efforce de savoir de quoi elle parle en se pliant à une discipline de connaissance*, le préjugé parle sans savoir. Aussi est-il à l'opposé de l'acte* de philosopher, dont l'un des effets consiste à lever les préjugés qui circulent. Descartes* a situé l'origine* des préjugés dans l'absence de maîtrise de la volonté* qui se laisse trop vite aller à donner son assentiment en se précipitant ou bien en laissant parler la méfiance et la prévention. Si la notion de préjugé est contraire à l'acte de philosopher, notons que la pensée* juge parce qu'elle se fonde sur des prénotions qui lui permettent de construire son jugement*. De telles prénotions qui permettent de juger doivent être distinguées des préjugés qui tiennent lieu de jugements.

Prémisse

Le terme prémisse désigne ce qui est placé devant. Dans un discours, une prémisse est ce qui, placé en tête du discours, annonce et fonde tout ce qui suit.

Présocratique

Les présocratiques désignent les penseurs qui ont précédé Socrate*. Si, en effet, Socrate a inventé une pratique* particulière de la philosophie*, sous la forme* d'une prise de conscience* de soi, qui demeure encore aujourd'hui, il n'a pas inventé la philosophie. Celle-ci avait commencé avant lui en se développant sous la forme d'une recherche du principe* premier des choses*. D'où trois développements remarquables de la pensée* présocratique.

1) Avec la philosophie ionienne. Principalement représentée par Héraclite*, la pensée ionienne a situé le principe premier des choses dans le monde* physique et plus précisément, en ce qui concerne Héraclite, dans le feu, symbole* de la transformation de toutes choses.

2) Avec la philosophie éléate*. Alors que Héraclite plaçait le principe premier dans le monde physique, des penseurs tels que Pythagore (v. 570-v. 500 av. J.-C.) ou Parménide* ont situé celui-ci dans les idées* mathématiques ou logiques.

L'esprit des Éléates
En affirmant que le nombre guide toutes choses, Pythagore a bien résumé l'esprit des Éléates, plaçant les idées au principe de la réalité.

3) Avec les sophistes*. Au Ve siècle av. J.-C., la démocratie* naît à Athènes, sous l'impulsion d'hommes comme Périclès (v. 495-429 av. J.-C.). Les Grecs enseignent au monde à gouverner en se fondant sur des lois* forgées à la suite d'une discussion rationnelle. Des philosophes – les sophistes – apprennent aux futurs hommes politiques l'art* du discours. À la suite de cette expérience* politique mettant en évidence qu'il est possible d'accorder le un* et le multiple au cours d'une discussion, naît l'idée de penser le principe guidant la Nature* sur le mode* du langage* et de la cité. D'où l'importance du modèle politique pour penser le monde en dehors de la physique ou des mathématiques*.

Preuve

Prouver une affirmation concernant un fait* ou une idée* consiste à établir l'existence* de ce fait d'une façon irréfutable, en recourant à une série d'expériences* ou à une série de témoignages, et à établir la validité de cette idée en déduisant celle-ci d'un raisonnement rigoureux permettant de dériver cette idée de principes* ou d'idées reconnus comme certains. La notion de preuve a revêtu une importance philosophique particulière à l'occasion des preuves de l'existence de Dieu*. Celles-ci sont au nombre de trois.
1) La preuve physico-téléologique, consistant à déduire l'existence de Dieu du spectacle offert par la vie* autour de nous – vie qui, visiblement, est intelligente

et organisée. Ce qui suppose une intelligence à sa source.
2) La preuve cosmologique consistant à dire que, puisque le monde* présente des imperfections, c'est bien là le signe* qu'il n'a pas pu se créer lui-même (autrement, il aurait été parfait) et donc qu'une cause* distincte de celui-ci l'a créé.
3) La preuve ontologique. Si les preuves physico-téléologiques et cosmologiques sont des preuves *a posteriori**, la preuve ontologique, elle, est une preuve *a priori**. Elle consiste à dire que l'existence de Dieu se déduit de la seule considération de son idée. Car Dieu étant parfait, celui-ci possède toutes les qualités*, dont la qualité d'exister. Si tel n'était pas le cas, il ne serait pas parfait. Son existence se déduit donc de la simple considération de son idée.

Principe

Le principe est ce qui est premier et ce qui, par là même, fonde. Si la connaissance* dépend de principes afin de pouvoir se construire, la morale* en dépend également. Et ce parce que le fait de considérer qu'il y a dans la connaissance comme dans l'action des éléments fondateurs, dont tout dérive sans que, eux-mêmes, ne dérivent de rien, permet de fonder la vérité*, qu'elle soit théorique ou morale. En morale, l'absence de principes équivaut à l'absence même de morale. Signe* du lien existant entre morale et principe.

Descartes et les principes

Descartes, dans les *Principes de philosophie* (1644), a considéré qu'il y avait deux principes au fondement de la réalité humaine : la conscience comme principe intérieur de l'homme, et Dieu comme principe extérieur de création de tout ce qui existe. C'est la raison pour laquelle il a imaginé de représenter la philosophie comme un arbre dont les racines seraient la métaphysique, le tronc la physique, et les branches la médecine, la mécanique et la morale.

Problème

Un problème désigne trois choses.
1) Une difficulté, une contrariété, un obstacle qui font que l'on ne trouve pas la solution et que l'on pense sans arrêt à ce problème.

Philosophie et problématique
L'enseignement philosophique cherche à initier les élèves au sens de la problématique. Il vise à ce que ceux-ci soient capables de faire apparaître toutes les questions qui peuvent se poser à propos de telle ou telle interrogation.

2) Une façon de mettre en forme* la réflexion en faisant apparaître toutes les questions* qui peuvent se poser à propos d'une interrogation.
3) Une façon d'ordonner toutes ces questions de telle sorte que la façon même de poser ces questions finit par avoir plus d'importance que la réponse, le système* constitué par ces questions ordonnées étant à lui seul une ouverture.

Production

Produire veut dire conduire devant, autrement dit faire apparaître au grand jour. Produire ne veut pas dire créer au sens* où créer veut dire inventer, faire surgir du neuf par une opération inédite. Produire veut dire mettre en lumière ce qui était déjà là, mais que l'on ne voyait pas. Marx* a conféré à la notion de production un rôle central dans sa réflexion. Et ce parce que produire, qui veut dire travailler, a aussi le sens de révéler, mettre en lumière et, par là, démystifier. Si le travail* a pour Marx une valeur* productive, cela ne vient pas du fait qu'il fabrique et qu'il transforme. Bien que le fait de fabriquer et de transformer ait un aspect révélateur. Cela vient du fait que dans un système* économique fondé sur l'échange*, où il est possible de s'enrichir sans travailler rien que par la spéculation sur l'échange, le travail fait resurgir la vérité* du réel en relevant d'un effort.

Progrès

Le progrès désigne deux choses :
– un accroissement quantitatif ;
– un accroissement qualitatif.
Tous les problèmes* posés par le progrès viennent de la confusion de ces deux termes. Ainsi, ce n'est pas

parce qu'il y a progrès quantitatif qu'il y a progrès qualitatif. Un fléau peut s'accroître, sans que la qualité* de vie* des hommes s'accroisse. Au contraire. À l'inverse, le progrès qualitatif n'est pas forcément synonyme de progrès quantitatif. On ne fait pas, par exemple, la cuisine de la même façon pour cent personnes que pour quatre. Il peut arriver que la qualité et la quantité* s'accroissent en même temps. On a alors affaire à un événement* exceptionnel qui a de profondes conséquences sociales et humaines, puisque la qualité cesse d'être le fait d'une minorité, et la quantité le synonyme d'une absence de qualité. Le refus pessimiste du progrès a tendance à avancer l'impossibilité de réconcilier qualité et quantité. Le culte du progrès, au contraire, a tendance à croire que cette réconciliation va de soi. En réalité, il arrive qu'il y ait des sauts qualitatifs dans l'existence*, et en particulier dans l'existence des sociétés*, mais ceux-ci n'ont rien d'automatique. Il ne suffit pas qu'il y ait accroissement pour qu'il y ait progrès. S'il est vrai que quelque chose vit de croître et de se développer, le progrès pour le progrès est quelque chose de statique. Le mouvement, à lui seul, ne suffit pas à assurer le progrès. Pour qu'il y ait progrès, encore convient-il de savoir ce que l'on fait progresser.

Le culte du progrès infini
Hannah Arendt (1906-1975) a souligné, dans son analyse du système totalitaire, que le totalitarisme se caractérise par un culte du progrès infini. Car le totalitarisme se considérant comme étant le tout de l'humanité, rien ne saurait arrêter son expansion.

Providence

La providence, comme son nom l'indique, veut dire voir avant, donc prévoir. Par extension*, la providence signifie, dans le registre théologique, le fait que Dieu* ayant tout prévu et tout calculé, puisqu'il est l'intelligence* parfaite, prend soin de chacune de ses créatures en prévoyant ce qui est bon pour elle. Le Dieu de Leibniz*, qui est une intelligence parfaite ayant tout calculé et tout prévu, est l'exemple même de la providence.

Le travail de la parole
D'abord intéressé par l'hypnose, afin de « faire parler » le sujet qui se voile derrière le sujet conscient, Freud a abandonné celle-ci, jugeant le travail de la parole entre le psychanalyste et son patient plus fécond.

Psychanalyse

La psychanalyse renvoie à trois choses.
1) Une méthode* d'analyse*. Alors que la psychiatrie du XIXe siècle butait sur l'analyse de la folie et des maladies mentales, Freud* met au point un procédé d'investigation révolutionnaire, tenant compte de la sexualité et de l'affectivité humaines. Pour se structurer, en effet, tout être* humain est conduit à refouler sa sexualité infantile marquée par des pulsions incestueuses envers le parent de l'autre sexe, et des pulsions d'agressivité envers le parent du même sexe. Quand il y parvient, cela se traduit par la construction d'une vie* de couple ainsi que par la sublimation de ces pulsions vers d'autres activités que la sexualité (art*, science*, etc.). Quand il n'y parvient pas, le sujet*, hanté par la sexualité infantile, est la proie d'un certain nombre de fantasmes et d'obsessions régressives entraînant soit des conflits avec la réalité* (névroses), soit une rupture pure et simple avec la réalité (psychose).
2) Une méthode thérapeutique. Tout l'effort de la psychanalyse va alors consister à faire remonter le sujet, en proie à des troubles psychiques, à l'origine du traumatisme qui a perturbé la construction de sa personnalité affective. Et ce parce que le propre de l'attitude infantile résidant dans le fait d'être la proie de ses pulsions infantiles en se les masquant à soi-même, c'est en cessant de se masquer ces dernières que l'on s'en délivre.
3) Un courant de pensée*. Depuis Freud, la psychanalyse s'est développée et regroupe désormais une multiplicité d'écoles et de courants de pensée. Si Jung (1875-1961) s'est efforcé de montrer que les troubles de la personnalité provenaient essentiellement d'une maladie de l'âme*

plus que d'un désordre de la sexualité, en reliant psychanalyse et religion*, Lacan (1901-1981), lui, s'est attaché à relire Freud à la lumière des apports de la linguistique, du structuralisme et de la phénoménologie* hégélienne.

Psychologie

Si la psychanalyse* met l'accent sur l'importance des désirs* sexuels inconscients enfouis dans la personnalité, afin d'élucider la structuration de cette dernière, la psychologie, elle, met l'accent sur la conscience* et ses mécanismes* de fonctionnement face aux différentes situations qu'elle est amenée à rencontrer dans ses relations* avec l'extérieur et en particulier avec autrui*. Alors que la psychanalyse met l'accent sur l'introspection, la psychologie met l'accent sur les rapports avec le monde* extérieur. D'où deux démarches distinctes, l'une renvoyant à un travail* personnel sur soi afin d'élucider sa propre personnalité, l'autre renvoyant à une science* des mécanismes de la conscience dans ses rapports avec le monde.

En retrait
Particulièrement en vogue à la fin du XIXe siècle et au début du XXe siècle, la psychologie, qui prétendait pouvoir supplanter la métaphysique, est aujourd'hui en retrait, du fait de l'importance prise par la psychanalyse ainsi que par le retour de la philosophie à travers la phénoménologie notamment.

Puissance ▲

La puissance désigne trois choses.
1) Chez Aristote*, la puissance désigne la simple possibilité d'une chose*, par opposition à son actualisation. Ainsi, le projet d'une maison dans la tête d'un architecte désignera la maison en puissance. La construction effective de la maison sera la maison en acte*.
2) Quand quelqu'un qui possède des capacités est capable de maîtriser celles-ci afin de faire surgir de nouvelles capacités, cette démultiplication de forces* nouvelles débouchant sur une forme* de liberté*,

Nietzsche et la puissance
Chez Nietzsche, les concepts d'innocence, de volonté de puissance et d'éternel retour sont inséparables. Quand on est capable de dire oui à la vie au lieu de lui faire honte et d'avoir soi-même honte de vivre (innocence), on dégage dans la vie une grâce et une liberté qui sont l'essence même de la vie (volonté de puissance). Vivant ainsi en se disant que l'on pourrait toujours revivre ce que l'on vit, on fait revenir la vie, ce qui est le triomphe de la vie (éternel retour).

de grâce* et de rayonnement constitue la puissance même. Aussi, dit-on d'une œuvre d'art*, d'un livre ou d'un raisonnement, qu'ils sont puissants.
Et ce, afin de souligner qu'ils sont porteurs de toute une richesse à venir. De ce fait, la puissance n'a rien à voir avec la violence*. De l'intérieur d'un monde* animé par tout un ensemble de forces, elle en est plutôt la métamorphose. Est ainsi puissant ce qui aurait pu être violent et qui ne l'est pas, en dégageant de la liberté voire de la grâce.
3) Spinoza* a fait de la puissance l'un des concepts* centraux de sa pensée*. Et ce, afin de penser de l'intérieur de la vie* des notions comme la liberté et la grâce. De l'intérieur de la vie, l'homme est capable de dégager quelque chose de divin, sans avoir recours à la grâce d'un Dieu* extérieur ou à une liberté irrationnelle. De son côté, Nietzsche* a fait de la volonté* de puissance l'un des concepts majeurs de sa pensée. Confondue à tort avec le désir* de domination, la volonté de puissance ne signifie pas le fait de dominer les autres, ce qui est un signe* de faiblesse et non de force, seuls les faibles éprouvant le besoin* de dominer les autres.
La volonté de puissance signifie, au contraire, le fait de ne plus avoir besoin de dominer les autres, parce que l'on se sent fort. Pour Nietzsche, en l'occurrence, on se sent fort quand on n'a plus honte de vivre ni besoin de faire honte aux autres de vivre, parce qu'on épouse la vie*. On est la vie même, en étant prêt, à propos de ce que l'on vit, à pouvoir éternellement revivre ce que l'on vit, tant la vie nous comble. Tant on peut être capable d'être comblé par la vie.

Q

Qualité ▲

La qualité désigne trois choses.
1) La Nature* d'une chose*. Sa caractéristique. Sa spécificité.
2) La manière d'être* d'une chose. On parle ainsi d'agir en qualité de.
3) La valeur* d'une chose. Une chose de qualité, un être de qualité ont de la valeur. La qualité renvoie à une certaine façon de mesurer le réel, distincte de la mesure quantitative. Fondée sur une appréciation subjective, et non objective, la qualité tend à apprécier la spécificité des choses et des êtres, et non leur généralité. D'où une opposition entre une approche qualitative du monde* et une appréciation quantitative de celui-ci. Si la démarche d'Aristote* se caractérise par une approche qualitative de la Nature, la science* moderne depuis Galilée* a privilégié l'approche quantitative. Si qualité et quantité* s'opposent, on peut néanmoins trouver des liens entre elles.

Ainsi, la réalité* d'une chose peut se modifier du fait d'une variation quantitative. On se trouve alors en présence d'une variation qualitative. Aristote a considéré la qualité comme étant un genre* de l'être, alors que Kant* en a fait une forme* du jugement*.

Un art du questionnement

On prête à Socrate d'avoir inventé le fait de se questionner. Afin, en effet, de dénoncer au grand jour la prétention et les contradictions de ses adversaires, Socrate leur posait des questions. Devant l'embarras de ses interlocuteurs, incapables de s'expliquer clairement, Socrate avait beau jeu de faire éclater la faiblesse de leurs discours. Depuis, la philosophie a conservé cet art du questionnement en invitant à se questionner, afin de découvrir derrière les fausses évidences la véritable profondeur du réel.

Quantité ▲

La quantité est la grandeur mesurable d'une réalité* et répond à la question* « Combien ? » alors que la qualité*, qui renvoie à la Nature* d'une chose* répond à la question « De quelle Nature ? »
Si l'on peut apprécier les choses subjectivement dans un rapport d'individu* à individu, on peut aussi les mesurer objectivement, indépendamment de leurs caractéristiques individuelles.
On ne retiendra alors que les traits mesurables, par exemple la taille, le poids, la vitesse, etc.
Chez Aristote*, la quantité est un genre* de l'être*.
Chez Kant*, elle est une forme du jugement*.

Question

Une question signifie deux choses :
– le sujet* dont on traite ;
– une demande faite à autrui* d'éclaircir certains points de sa démarche ou de ses affirmations.

Quid et *quod*

Le *quid* et le *quod* sont deux termes latins utilisés afin de désigner le « pourquoi » et le « comment ».
La philosophie* s'interroge sur la *quiddité* et la *quoddité* à chaque fois qu'elle s'efforce de comprendre* l'essence* d'une réalité* et son mode* d'existence*.

Raison ▲

La raison signifie trois choses.

1) La faculté théorique de raisonner.

L'être* humain possède, par sa conscience*, la faculté de se représenter le monde*. Si, par sa conscience comme capacité d'être éveillé et présent, il est en mesure de se rendre compte de ce qui est, par sa raison comme capacité de représenter adéquatement la réalité* à la suite de tout un processus de distinctions et de mises en relation*, il devient en mesure de rendre compte de ce qui est.

On appellera donc raison la faculté que les hommes possèdent de représenter le monde d'une façon objective, grâce à un processus de réflexion.

À la différence de la folie qui est l'incapacité de poser le réel en tant que réel, de l'intérieur de la pensée* – le malade mental prenant son monde pour le monde ou le monde pour son monde –, la raison se caractérise par une capacité de prendre ses distances à l'égard du réel objectif comme à l'égard de la subjectivité, afin de poser le réel comme réel face au sujet* et non comme réel du sujet lui-même.

Le tribunal de l'histoire

C'est ce que Hegel a déclaré à propos de la raison. Si la raison juge le monde, c'est parce que le monde manque de jugement. Que le monde cesse de manquer de raison, la raison cessera d'être le tribunal du monde.

2) La faculté pratique* de raisonner. Si la raison a un aspect théorique, elle a aussi un aspect pratique, c'est-à-dire moral. Tout comme il importe de savoir prendre la bonne mesure de la réalité en dressant une représentation adéquate de celle-ci, il importe de savoir agir avec mesure, s'agissant de soi comme de ses rapports avec autrui*. Alors que l'homme déraisonnable agira avec excès, sans mesure aucune, en allant contre lui-même et contre autrui, l'être raisonnable agira avec la mesure qui convient tant à lui-même qu'à la vie* avec autrui.
Si la raison théorique permet d'être rationnel, la raison pratique permet, elle, d'être raisonnable. Alors que le raisonnable est toujours rationnel, l'inverse n'est pas forcément vrai. Il peut arriver que le rationnel ne soit pas raisonnable, au sens* où un raisonnement peut être parfaitement logique sans forcément renvoyer à une réalité. Aussi Kant* a-t-il fait de la raison pratique le fondement* de toute raison.
3) La raison comme faculté des principes*.
Si la raison est la faculté de pouvoir se représenter le monde et de parvenir à la bonne mesure de celui-ci, elle va cependant plus loin, au sens où elle est ce par quoi il est possible d'accéder aux raisons d'être fondant l'existence* – ainsi que l'ont montré Platon* et Kant. Cette capacité supérieure de la raison provient de ce que la raison ne pourrait être la raison sans une raison d'elle-même ne dépendant que d'elle-même, donc une raison en soi.
Cette capacité de la raison à ne rendre compte que d'elle-même est le privilège de celle-ci. C'est grâce à cette autonomie* qu'elle doit son efficacité.
On pourrait s'inquiéter du fait que la raison ait tant de liberté* et qu'elle n'ait de comptes à rendre

à personne sinon à elle-même. En fait, il n'y a pas à s'inquiéter. Car, si la raison doit des comptes à la raison, comme tout ce qu'elle doit faire pour pouvoir rendre des comptes à elle-même se doit d'être rationnel et raisonnable, la raison ne peut jamais être irrationnelle. D'où sa supériorité, cette supériorité venant de ce que la vraie raison obéit toujours en tout à la raison.

Rationalisme ▲

Le rationalisme désigne un courant de pensée* mettant en avant la raison* d'une façon systématique. Bien qu'uni dans la défense de la raison, le rationalisme présente différents visages*. On peut ainsi distinguer au moins cinq types de rationalismes*.

1) Un rationalisme moral. Celui de Platon* par exemple. Face au relativisme* sceptique et nihiliste, Platon a défendu l'idée* d'un ordre* de valeurs* accessible par la raison.

2) Un rationalisme méthodologique. Face à la confusion de l'esprit*, Descartes* a défendu la possibilité de revenir de l'obscurité à la clarté en appliquant méthodiquement l'esprit à lui-même, afin de se servir de ce rapport évident à soi-même comme fondement* afin d'élucider le réel.

3) Un rationalisme critique. Entre scepticisme* et dogmatisme*, Kant* s'est efforcé de faire apparaître la troisième voie du rationalisme critique consistant à épurer la raison de ses doutes* et de son orgueil afin de l'asseoir dans sa liberté*.

4) Un rationalisme militant. Face à l'irrationalisme religieux ou social et politique, le rationalisme n'a pas craint de faire de la raison la seule alternative crédible.

5) Un rationalisme absolu. Hegel* a souligné que la raison guide le monde*, afin de lutter contre la croyance* au hasard* ou aux forces* aveugles. Rien ne se fait sans raison selon lui, non pas parce que la raison nous contraint, mais parce que l'absence de raison nous contraint, alors que la raison et l'intelligence* qui l'accompagne délivrent. C'est souvent négativement, en l'absence de la raison, que nous comprenons* la valeur de la raison. Signe* que la raison guide bien le monde, puisqu'elle parle même (et surtout) en son absence.

Réalité

La réalité désigne trois choses.
1) Au sens* large, la réalité désigne ce qui est. D'où l'équivalence entre les termes être* et réalité.
2) En un sens plus restreint, la réalité peut renvoyer à ce qui est empiriquement et matériellement constatable. La réalité désignera alors le monde* de l'existence* sensible.
3) Enfin, en un sens particulier, la réalité peut désigner le fondement* qui se trouve derrière les apparences*. Elle désignera alors le monde intelligible au sens que Platon* a donné à ce terme.

Tout n'est pas rationnel

Hegel a souligné que le réel est rationnel et le rationnel réel, afin de dire non pas que tout est rationnel, mais que la pensée n'est pas qu'une affaire d'opinion subjective. Elle a une réalité ainsi qu'une action sur le réel. Quant au réel, il n'est pas dépourvu de sens. Il signifie quelque chose et concerne la pensée.

Relation

La relation est le lien qui unit deux éléments indépendamment de la Nature* spécifique de ceux-ci. La formalisation à l'œuvre dans la science* s'intéresse aux relations qui lient les objets* entre eux et non à leur Nature. Quand elle parvient à faire apparaître tout un système* de relations, elle débouche sur la structure* des objets.

Relativisme

Le relativisme désigne trois choses.
1) Le fait de dédramatiser un événement* en faisant apparaître un certain nombre de relations* de cet événement à d'autres événements, d'autres éléments, d'autres conséquences qui en atténuent la portée.
2) Le fait de ne pas considérer qu'il y ait une vérité* universelle, absolue, intelligible et transcendante indépendamment de la réalité*. Au Ve siècle av. J.-C. le sophiste* Protagoras a donné ses lettres de noblesse au relativisme en énonçant que l'homme est la mesure de toutes choses*. Il a voulu dire par là qu'il n'y a pas de vérité indépendante de l'homme. Toutes les vérités comme toutes les valeurs* sont inventées par l'homme.
3) La relativité en physique désigne le fait que tout système* observé n'est pas séparable de celui qui l'observe. Loin de conférer à la science* une valeur contingente, la relativité tend au contraire à renforcer sa rationalité à travers une affirmation du déterminisme*. Car, si tout système observé dépend de la position de celui qui l'observe, tout est interdépendant.

Religion ▲

La religion, qui vient du terme latin *religare* qui signifie « relier », renvoie à trois choses.
1) En premier lieu, au fait pour un ensemble d'hommes de se relier à une réalité* transcendante – Dieu* en l'occurrence – considérée comme la source et le fondement* de toute existence*. Ce point mérite d'être souligné car, souvent, on commet une erreur* en parlant du football comme d'une religion, ou de la religion communiste.

L'opium du peuple
Marx a pensé que la religion permettait à l'humanité de dormir et de rêver en s'évadant de la réalité, mais pas de transformer la réalité. Il a en outre estimé qu'avec le socialisme il n'y aurait plus besoin de religion, l'humanité n'ayant plus besoin de s'évader de la réalité pour vivre. C'est la raison pour laquelle il a dit : « *La religion est l'opium du peuple.* »

Tout phénomène* de ferveur collective n'est pas religieux. Tout culte d'un chef de parti non plus. Alors que le football ou la politique* relèvent du profane et de l'idolâtrie en étant l'adoration par les hommes d'une certaine image* d'eux-mêmes, la religion met les hommes en présence d'une dimension tout autre à travers l'expérience* du sacré*.
Si l'idolâtrie mime la religion en étant une religion de substitution, la religion ne mime pas l'idolâtrie et n'est pas une idolâtrie de substitution. On ne peut donc pas rassembler sous le terme de religion le culte voué à telle ou telle star de cinéma et l'expérience religieuse de saint François d'Assise (v. 1182-1226) ou celle de saint Jean de la Croix (1542-1591).
2) La religion est un fait* collectif, et non individuel, fondé sur une tradition commentée et transmise de génération en génération par un clergé dans le cadre d'une institution. En ce sens*, il est erroné de dire que chacun a sa religion ou se fait sa religion. Une foi* qui ne s'exerce pas dans le cadre d'une tradition instituée n'est pas à proprement parler religieuse. Tout comme on ne s'autoproclame pas médecin sans être un charlatan, on n'invente pas tout seul une religion sans devenir le gourou d'une secte. À la différence de la religion qui est universelle, la secte est toujours une invention particulière.
3) La religion est enfin liée à une pratique* de rites et de prière. Tout comme on devient violoniste en pratiquant le violon, on est religieux dans la mesure où l'on pratique une religion. Faute de quoi, la religion n'est plus qu'une opinion* teintée de religion. Pratiquer une religion veut dire vivre réellement ce qui est censé être la véritable réalité en se rendant digne de cette réalité par une transformation de soi, vécue et partagée avec d'autres au cours de rites

exercés en commun, mais aussi à travers un certain nombre de purifications pratiquées individuellement selon des prescriptions transmises par la tradition ou par un maître reconnu comme tel dans la tradition. Les relations entre philosophie* et religion ont toujours été houleuses et le sont encore, certains philosophes taxant la religion de pure et simple illusion*, et certains religieux refusant tout apport de la philosophie. Si nul ne saurait nier sans mauvaise foi que la religion a donné et donne encore parfois lieu à des comportements idéologiques ou psychologiques pour le moins inquiétants, il apparaît comme réducteur, voire mensonger, de limiter l'expérience religieuse à des trahisons de celle-ci, trahisons que nombre de religieux sont les premiers à condamner. De ce point de vue, réduire la religion à une invention du pouvoir* politique afin d'endormir les hommes – ainsi que l'a fait le XVIIIe siècle –, c'est masquer le fait que la religion a été aussi le lieu d'une spiritualité* ne cessant de stimuler la conscience* la plus élevée de l'humanité*. D'où un lien constant à travers l'histoire*, dans le christianisme par exemple, entre philosophie et théologie*, le christianisme estimant que, bien conduite, la sagesse* des hommes prépare à la sagesse divine. Ce qui est une façon non pas de rabaisser la philosophie mais de l'élever, en lui conférant une dignité spirituelle.

Représentation

La représentation signifie deux choses.
1) En premier lieu, la représentation est le propre de la conscience*, qui prend conscience de la réalité* autour d'elle ainsi que de sa propre réalité, en se représentant le réel ainsi qu'elle-même. Le terme de représentation témoigne bien

de cette activité réflexive et consciente en étant le fait de re-présenter, c'est-à-dire le fait de présenter à nouveau par un retour sur ce qui est.

2) La représentation est le propre des régimes constitutionnels et démocratiques, où une assemblée élue par le peuple représente le peuple afin d'élaborer les lois* permettant de gouverner. La représentation, qui remplace le peuple et qui en tient lieu, n'est pas le peuple. Aussi est-il vrai qu'il y a en elle une part de « représentation théâtrale ». Cela ne suffit pas pourtant pour réduire la représentation à une comédie, la représentation étant avant tout un instrument permettant à une société* de devenir consciente et active par rapport à elle-même.

République

La république définit un certain régime politique fondé sur la souveraineté* populaire, le peuple étant la source de la légitimité du pouvoir*. D'où, dans un régime républicain, l'importance donnée à la volonté* de tous, à l'égalité de tous, à la participation de tous ainsi qu'à la conscience* de tous.

Respect et universalité

Si le respect s'adressait aux hommes et non à l'humanité, chacun ne respectant que ceux qu'il apprécie et qui lui sont profitables, chacun ne respecterait que son propre avantage et jamais l'humanité. Il n'y aurait en conséquence plus aucun respect humain.

Respect

Le respect est l'attitude qui consiste à s'abstenir de tout ce qui pourrait porter atteinte à autrui*. Mélange de crainte et d'admiration, le respect n'est ni de la crainte – parce qu'il y a en lui de l'estime et non de la peur pour la valeur* des êtres* respectés – ni de l'admiration – parce qu'il y a en lui non pas un élan affectif mais une obéissance à un principe*. Ainsi que l'a montré Kant*, on ne respecte pas quelqu'un parce qu'on en a peur ou qu'on l'aime, mais parce qu'on respecte à travers un être, l'idée* d'humanité* dont il est le porteur.

C'est l'humanité dans l'homme que l'on respecte et non tel ou tel homme pour ses qualités*.

Responsabilité

La responsabilité désigne trois choses.
1) Le fait d'assumer ses actes* en s'en reconnaissant l'auteur. D'où, dans la responsabilité, l'intériorisation de la culpabilité, en rejetant la faute non pas sur autrui*, mais sur soi.
2) Le fait d'être adulte et de s'engager dans la vie*, dans la société*, en assumant un certain nombre de fonctions* collectives, au lieu de simplement vivre égoïstement pour soi. Ainsi, on parle de la responsabilité d'un chef de famille, d'exercer des responsabilités dans la vie publique, à propos de la vie politique.
3) Le fait de se sentir lié à autrui par une conscience* profonde de l'universalité de l'humanité*. L'état* de profonde attention des hommes les uns pour les autres conduit ceux-ci à devenir responsables les uns des autres, en veillant les uns sur les autres.

Rêve

Le rêve désigne deux choses.
1) Une activité psychique au cours du sommeil, qui passe par le fait de libérer, au cours de celui-ci, un certain nombre de désirs* et de tensions refoulés pendant la journée tout en veillant à ne pas perturber le dormeur et donc à conserver son sommeil.
2) Une construction faite à l'état* de veille renvoyant en général à un projet de vie* idéale pour soi ou pour les autres, dont on aimerait bien voir la réalisation un jour.

Révolution

Une révolution désigne deux choses.
1) Au sens* physique, une révolution désigne le mouvement d'une planète qui revient à son point de départ après avoir suivi une certaine courbe.
2) Au sens politique, une révolution est un profond bouleversement des choses* destiné soit à restaurer un état* de la vie* politique qui existait précédemment, soit à instaurer une forme* de vie politique nouvelle qui n'a encore jamais existé.
La révolution pose le problème de la violence* en politique*. Faut-il, pour libérer la société* d'un ordre* considéré comme injuste, tout bouleverser par un coup d'État, en décidant de ne plus respecter les règles politiques en vigueur, celles-ci faisant le jeu* de l'injustice régnante ? Ou bien faut-il éviter d'utiliser la violence ainsi qu'un bouleversement radical, ceux-ci débouchant sur un désordre et des injustices souvent pires que ceux qui existaient auparavant ? Il convient d'apercevoir qu'il n'y a pas une mais des révolutions – comme la Révolution américaine, la Révolution française, la Révolution russe –, avec à chaque fois des formes spécifiques.

ROUSSEAU (Jean-Jacques)

Rousseau (1712-1778), considéré comme l'un des pères de la démocratie* moderne, a développé sa pensée* autour de trois idées* majeures.
1) La morale*. L'homme, pour Rousseau, est avant tout un être* moral. Car la morale étant le fait d'avoir un cœur et de pouvoir, par ce cœur, sentir, c'est par le cœur que l'homme en vient à être humain. Et ce, parce que c'est par le cœur que l'homme en vient à sentir assez le prix de sa vie* pour désirer se conserver. Tout comme c'est par le cœur

qu'il en vient à sentir assez la vie sensible autour de lui pour réagir à cette vie par la pitié. De fait, c'est par le cœur que l'homme est ouvert sur son humanité* comme sur celle d'autrui*.

2) La critique* des inégalités sociales. À l'état* de Nature*, l'homme est bon, au sens* où il n'a aucune idée d'agresser son semblable. À l'état de société*, l'homme a tendance à perdre sa Nature au profit d'une autre Nature lui faisant considérer comme normal le fait d'agresser son semblable. Si la société a tendance à corrompre l'homme, cela vient non pas de la vie en commun mais plutôt de la vie extérieure par opposition à la vie intérieure. Vivre extérieurement, cela veut dire vivre pour posséder la terre et être propriétaire. Vivre pour dominer les autres par la richesse, les honneurs et la réputation. Rousseau n'a jamais cru au bon sauvage. Il a simplement utilisé cette fiction afin de faire comprendre* la nécessité* de mesurer l'écart entre ce que l'homme devrait être et ce qu'il est devenu.

3) Souhaitant que l'humanité puisse vivre sans violence*, sans pour autant désirer retourner à l'état de Nature, si ce n'est sous la forme* d'un retour à l'intériorité, Rousseau a imaginé une société sans inégalités et sans violence, reposant sur un contrat* social. Car, dira-t-il, si chacun passe avec tous un contrat de vie commune, tout le monde obéissant à tout le monde, personne n'obéira à personne.

Le contrat social

En imaginant ainsi une société fondée sur un contrat, Rousseau a posé les bases de la société moderne, société où l'individu peut jouir de sa liberté et donc de lui-même pourvu qu'il respecte la loi. Ce qui permet de faire cohabiter une société sans inégalités et l'intériorité des individus. Si Rousseau s'est toujours fait le défenseur du cœur, il n'a pas pour autant pensé que l'humanité pourrait parvenir spontanément au contrat social. Aussi s'est-il fait le partisan résolu de l'éducation.

RUSSELL (Bertrand)

Russell (1872-1970) est l'un des pères fondateurs de l'empirisme* logique qui a particulièrement marqué la pensée* anglo-saxonne et qui la marque encore. Sa pensée, initialement influencée par Platon* et la croyance* en des entités indépendantes au fondement* de la vérité*, a subi une volte-face. D'où l'apparition de trois idées* majeures.

1) En premier lieu, Russell a soutenu qu'il était possible de réduire les mathématiques* à des opérations logiques.

2) En second lieu, Russell a soutenu que la logique* n'est pas une propriété du réel, mais un instrument extérieur à celui-ci. En outre, il a tenté de montrer que, extérieure au réel, la logique est en mesure de ramener tout ce qui est complexe à un ensemble de propositions simples. À l'idée idéaliste d'un ordre* donné du réel, il a opposé ce qu'il a appelé l'atomisme* logique, qui consiste dans une multiplicité de propositions simples rendant compte du réel.

3) En optant ainsi pour l'atomisme logique, Russell a modifié la notion de vérité. Loin de faire dépendre le réel de l'évidence de la pensée, au risque d'évacuer le réel, il a fait dépendre la pensée de la vérification par les faits*. À la difficulté de savoir comment passer des faits* aux idées, et en particulier à des idées vraies dont on n'a pas forcément l'expérience*, Russell répondra en adoptant une attitude nominaliste (*voir* normalisme*).

Sacré

Le sacré désigne trois choses.

1) Il désigne d'abord, dans le cadre de la religion* dont il est la notion centrale, le caractère propre à la réalité* divine. Extérieure à l'homme, transcendante par rapport au monde* humain, supérieure à tout ce que les hommes peuvent faire ou être*, la réalité divine ne peut pas être approchée sans respect*. Elle ne peut pas être traitée familièrement ni être banalisée, sauf à courir le risque de perdre tout caractère divin et de devenir ainsi une réalité profane. D'où l'importance du sens* du sacré et des rites, des paroles ainsi que des gestes pratiqués dans le cadre du sacré, afin de souligner le caractère proprement exceptionnel du divin.

2) Le sacré a, par ailleurs, une signification morale. Pour exprimer le fait qu'il y a des valeurs* inviolables dans l'existence*, on se référera à la notion de sacré. On dira, par exemple, que la vie humaine a quelque chose de sacré et, dans la vie humaine, la vie d'un enfant qui est sans défense.

3) Enfin, le sacré, par extension*, désigne un travers psychologique, qui consiste à surévaluer certains événements*, certaines personnes ou certaines significations. La critique* de la religion réduit toujours le sacré à la sacralisation, en faisant du divin le produit d'une projection humaine exaltant tel ou tel objet*, ce qui est réducteur. Si la sacralisation, avec sa violence* et son aveuglement, est un fait indéniable, le sacré comme sens de l'inviolable ainsi que d'une dimension tout autre de l'existence est au fondement* de la structuration de l'humanité*, puisque perdre tout sens du sacré équivaut à une déshumanisation complète.

Sagesse

La sagesse désigne deux choses.
1) Une attitude prudente et avisée, qui consiste à parler en sachant de quoi on parle, après mûre réflexion. Être sage, en ce sens, est un acte* théorique, qui passe par le fait de s'informer et de réfléchir avant de prononcer un jugement*. Cette attitude renvoie à ce que les Grecs entendaient par *sophrosune*, le premier terme utilisé pour désigner la sagesse.
2) La sagesse désigne, en outre, une attitude pratique* consistant à être contre les extrêmes et la violence* en fuyant la révolte ou la colère. D'où, ici, l'idée de mesure, autre terme important prisé par les Grecs. Si la sagesse a été pendant longtemps le but de la philosophie*, ce n'est plus le cas aujourd'hui, essentiellement pour deux raisons :
– afin de pouvoir agir d'une façon avisée, une partie de la philosophie a entrepris de faire, autant que possible, la synthèse* critique des connaissances* développées par le progrès* scientifique.

« ***Rien de trop*** »
Fuyant les excès ainsi que la démesure, la morale des anciens Grecs avait cette devise.

D'où l'abandon de la recherche d'un idéal de sagesse, au profit d'une quête de scientificité ;
– en outre, afin de lutter contre la violence, une autre partie de la philosophie (principalement le marxisme) a jugé bon de se révolter et d'user de la violence armée, à des fins révolutionnaires, à l'encontre des injustices régnantes. D'où la récusation de toute idée* de sagesse, attitude considérée comme faisant le jeu* de l'injustice par son manque de combativité.
La sagesse n'a pas toutefois totalement disparu de l'horizon philosophique contemporain. D'abord, parce qu'elle tend à désigner une attitude spirituelle et intérieure vivant activement les contenus de la religion* ou de la morale*, en intériorisant ceux-ci. Ensuite, parce que devant l'insuffisance d'une vision purement scientifique ou purement politique de la société*, la sagesse connaît un regain d'intérêt de la part du monde* contemporain.

SARTRE (Jean-Paul)

Père de l'existentialisme* moderne, Sartre (1905-1980) a développé sa pensée* autour de trois idées* majeures.
1) Une critique* de toute religion* et de toute métaphysique*. Tout part, chez Sartre, d'une idée fondamentale : l'existence* est liberté*, et cette liberté se manifeste à travers une contingence* radicale. Rien n'est nécessaire. Il n'y a aucun ordre* donné dans la Nature* et la vie*. Aucune raison* d'être*. Le monde* aurait pu aussi bien être autre qu'il n'est. Face à une telle absence de raison d'être, il existe deux réactions. La première est celle des consciences* religieuses qui pensent que, si l'existence n'a pas de raison, la morale* va s'écrouler, celle-ci n'ayant plus de socle

dans un ordre, par exemple, divin. La seconde est celle des consciences philosophiques et métaphysiques pour qui la science* va s'écrouler et l'irrationnel* triompher, si l'on ne présuppose plus aucun sens* ni aucun ordre du monde. Pour Sartre, ces deux attitudes sont une erreur*. Car, c'est parce que l'homme n'a rien à quoi se raccrocher que, se raccrochant à lui-même, il devient responsable et donc moral. De même, c'est parce que la raison n'a rien à quoi s'adosser, elle non plus, qu'elle prend appui sur elle-même pour construire et inventer. En fait, l'immoralité et l'irrationalité proviennent de la religion et de la métaphysique qui veulent se raccrocher à un ordre.

2) Une valorisation donnée au néant*.
Quand on a compris* que vouloir se raccrocher à un Dieu* ou à de l'être relève d'une attitude de fuite et de mensonge à l'égard de soi-même (de mauvaise foi*, dira Sartre), on peut comprendre qu'il ne faut pas avoir peur du néant.
Loin d'être synonyme de destruction, celui-ci renvoie à la liberté, au sens où, moins on est ceci ou cela, moins on est prisonnier d'une identité* ou d'un ordre. Plus, donc, on est ouvert à l'inconnu et à l'avenir.

3) L'humanisme. Si l'homme n'a pas d'être, ce n'est pas qu'il n'est rien, c'est qu'il a tout à être. Tout à faire. Tout à construire. Aussi ne faut-il pas hésiter à s'engager et à agir, afin de faire advenir un monde véritablement humain et libre, parce que délivré des conformismes.
D'où l'engagement de Sartre contre le conformisme, et la mise en avant, de sa part, d'une nouvelle figure de la philosophie*, sous la forme* de l'intellectuel défendant l'humanisme.

« L'homme est l'avenir de l'homme »
Sartre a résumé sa pensée en plaçant celle-ci dans le sillage d'un vers du poète Francis Ponge (1899-1988), selon lequel « *l'homme est l'avenir de l'homme* ».

Scepticisme

Le scepticisme désigne trois choses.
1) Une attitude dubitative pleine de recul, voire de perplexité, devant certaines affirmations. Fondamentalement, on est sceptique quand « on n'y croit pas », parce qu'on a le sentiment d'être en face d'illusions*.
2) Un grand courant de la pensée* antique qui, avec à sa base Pyrrhon (v. 365-v. 275 av. J.-C.), se fondant sur la multiplicité mouvante du sensible*, cultivait la suspension du jugement* afin de trouver le repos de l'âme*.
3) Une méthode* de la philosophie* moderne inaugurée par Descartes* qui, désireux de trouver la vérité* dans les sciences*, s'est attaché à pratiquer un doute* systématique afin de ne retenir que l'évidence.

Le doute
Descartes s'est mis à pratiquer le doute à la suite des découvertes de son siècle concernant l'infiniment petit et l'infiniment grand, qui lui ont enseigné que le réel n'est jamais ce que l'on croit et donc ce que l'on voit.

SCHELLING (Friedrich Wilhelm Joseph von)

Penseur par excellence du romantisme, Schelling (1775-1854) a développé sa pensée* autour de trois idées*-forces.
1) Si Fichte* a développé toute sa pensée autour de l'idée du moi*, Schelling a développé la sienne autour de l'idée de Nature*, cette dernière étant, selon lui, la condition de possibilité de la pensée.
2) De ce fait, Schelling a poursuivi l'édification de toute une philosophie* de la Nature, afin de montrer comment, la Nature étant l'intelligible* devenu sensible*, celle-ci rend possible le fait que du sensible devienne intelligible.
3) La philosophie de la Nature a conduit Schelling vers une philosophie de la mythologie ainsi que de la révélation, la religion* étant le moyen terme entre la Nature et la pensée, par sa façon sensible de donner du sens* à l'existence*.

Schématisme ▲

Le schématisme est un concept* important de la philosophie* de Kant*. Pour Kant, la connaissance* procède par synthèse* entre une intuition* sensible et un concept de l'entendement*. Car on connaît quand on est capable d'ordonner le sensible* par un concept ou de rendre une idée* réelle par une intuition sensible. C'est grâce à l'imagination* qu'il est possible d'accorder le sensible au concept et inversement. Dans l'imagination, le schématisme est le procédé qui va permettre de trouver la bonne image* afin de faire correspondre l'intuition au concept et inversement. Kant a innové, dans la théorie* de la connaissance, en faisant une place à l'imagination.

SCHOPENHAUER (Arthur)

L'Allemand Schopenhauer (1788-1860), considéré comme le père du pessimisme* moderne, a développé sa pensée* autour de trois idées* majeures.

1) Dans la Nature*, tout est dominé par le jeu* de la volonté* et de la représentation*, la volonté étant l'énergie primitive de la vie* présente à travers les corps*, et la représentation étant la manifestation de la volonté, la forme* qu'elle se donne en se mettant en scène dans l'espace* et le temps*. Tout est, de ce fait, guidé par un grand jeu de la volonté avec elle-même, que la philosophie* a deviné sans bien l'expliciter, l'idéalisme* platonicien comprenant* qu'il y a de l'illusion* dans la vie sans en appréhender la raison*, et l'idéalisme kantien comprenant que l'esprit* est guidé par la volonté sans en voir toutes les conséquences.

2) La grande erreur* des hommes est de se prendre au jeu de l'existence* et d'en être les victimes en voulant vivre.
3) D'où la sagesse* des yogis indiens et des ascètes chrétiens renonçant à s'identifier à l'existence en se délivrant du désir* de vivre. Par son idée d'un jeu de la vie avec elle-même, Schopenhauer a eu l'intuition* de l'inconscient*, que la psychanalyse* développera.

Science

La science désigne trois choses.
1) D'une façon générale, la science désigne un savoir que l'on possède au point d'en avoir l'art*, c'est-à-dire de pouvoir* en jouer sous toutes les facettes.
On parlera ainsi de la science du piano, par exemple, pour désigner le fait d'en jouer avec virtuosité.
2) La science, au sens* antique du terme, servait à désigner la suprême sagesse*. Avait la sagesse celui qui était capable de voir les choses* comme le dieu les voyait, à savoir d'une façon une et multiple, harmonieuse et riche à la fois. La science consistait dans la contemplation* de la perfection.
3) Au sens moderne, la science désigne un savoir objectivement vérifiable. Fondée sur la méthode* expérimentale consistant à soumettre toute idée* à des procédures de vérification expérimentale, la science est, aujourd'hui, l'autorité dont on se réclame afin de dire que quelque chose est vrai. La rationalité de la méthode expérimentale est cependant en butte à deux problèmes*. Celui posé par la rationalité de la logique* et des mathématiques* qui, quoique rationnelles, ne sont pas vérifiables dans les faits*. Ce qui pose la question* de savoir si elles sont scientifiques ou non. L'autre problème est celui que posent les sciences humaines qui, traitant de faits

bien réels, ne parviennent pas à énoncer des lois* comme en physique. En fait, le problème est de savoir si l'on peut tout ramener à la physique sans réduire outrageusement le domaine de la science et, par là, rendre contestable la scientificité de cette dernière.

Scolastique

La scolastique désigne deux choses.
1) Scolastique vient du mot école, qui a désigné, entre le IXe et le XVIIe siècle, l'enseignement théologique dispensé par les théologiens et les philosophes. Cet enseignement, principalement nourri au contact d'Aristote* et de la théologie* chrétienne, s'est efforcé d'accorder les lumières de la foi* avec celles de la raison*.
2) Par extension*, scolastique désigne un terme péjoratif. On parlera de scolastique afin de désigner une doctrine lourde, dogmatique voire brumeuse, perdue dans une argumentation tatillonne afin de légitimer tel ou tel point.

Sens ▲

La notion de sens renvoie à quatre choses.
1) Le sens, c'est d'abord les sens, c'est-à-dire la capacité que nous possédons en tant qu'hommes de pouvoir* capter le monde* par certains organes de notre corps* et de pouvoir ainsi le percevoir. Si le sens ne peut pas se réduire aux sens, il ne peut non plus s'en abstraire totalement. Le sens que nous donnons au monde, ainsi qu'au fait* de vivre, commence par les sens, et, dans les sens, par ce sens des sens qu'est la sensibilité*. Être sensible à, et donc vivant, est en soi plein de sens, même si cette sensibilité n'épuise par la question* du sens.

2) Le sens, c'est aussi le bon sens. Descartes* a fait du bon sens la chose* du monde la mieux partagée, chaque homme étant, selon lui, doté de bon sens du fait du sens de l'humanité* présent en chacun. Certains penseurs modernes ont critiqué le bon sens en voyant dans celui-ci une notion idéologique et conformiste apparemment naturelle. On peut cependant se demander comment agir sans bon sens. Si chaque homme ne possédait pas un sens du rapport entre lui et le monde, pourrait-il agir ?
3) Le sens désigne la signification et, en particulier, le sens des mots. On possède le sens d'un mot quand on est à même de pouvoir traduire sa signification en apercevant, grâce à la possession d'un code, à quoi celui-ci peut bien correspondre dans une autre langue ou dans la réalité*. En fait, entre le langage* et le réel, mais aussi entre une langue et une autre langue, existent des correspondances. Toute la pertinence du rapport au sens réside dans le fait de savoir construire des passerelles afin de traduire ce qui résiste à l'appréhension immédiate.
4) Le sens enfin désigne la direction. On dira que l'on est dans le bon sens quand on suit un itinéraire donné à l'avance, que l'on se conforme à celui-ci. Du sensible* à l'intelligible*, le sens recouvre toutes sortes de modalités*. La vie* humaine est dite se réaliser et être pleine de sens, quand celle-ci devient en mesure de tous les accomplir. Le sens prend alors une cinquième signification : celle de remplir, de combler. Remplir, combler, c'est ce qui se produit quand la vie est pleine de sens, parce que la vie sensible est porteuse d'intelligence*, de langage, de construction, et qu'inversement le langage, l'intelligence et ce que l'on construit font vibrer

Vivre et s'accomplir
S'accomplir, en l'occurrence, cela veut dire faire de la théorie comme de la pratique quelque chose qui permette aux hommes de vivre et de se réaliser. Sans altérer la vérité ou la morale, le sens est, en définitive, l'opération qui les rend vivantes.

quelque chose dans l'ordre du sensible. Si la vie humaine a besoin de vérité* objective et scientifique ainsi que de vérité morale afin de se construire, elle a aussi besoin de sens. Sans être une vérité scientifique, ni un fondement* moral, le sens n'en est pas moins vrai en étant de l'ordre de la vérité existentielle qui comble et accomplit.

Sensation

La sensation désigne deux choses.
1) Le fait* d'éprouver l'action des corps* extérieurs sur notre corps, et de réagir à cette sollicitation de leur part en captant par les sens* une information.
2) Le fait de vivre ou de produire une expérience* émotionnelle très intense à l'occasion d'une expérience sensorielle, au point, parfois, de subir ou de produire un véritable choc. Si nul ne saurait contester que c'est par la sensation que nous captons le monde* extérieur et que nous pouvons ainsi construire notre action dans celui-ci, il n'en demeure pas moins que la sensation fausse le jugement* par son excès de charge émotionnelle. Aussi est-ce la raison pour laquelle, depuis Platon*, la philosophie* soumet la sensation à une critique*.

Sensibilité

La sensibilité désigne trois choses.
1) Une capacité de réagir à, propre aux êtres* vivants et conscients.
2) Une façon étonnante que l'émotion peut avoir de devenir intelligente en se laissant totalement habiter par le fait* de sentir.
3) Une des sources de la connaissance*. Selon Kant*, en effet, la sensibilité est ce par quoi nous recevons le monde* extérieur, que l'entendement* va ordonner

grâce à ses concepts*. Kant a profondément bouleversé la connaissance en soulignant qu'il faut avoir senti et fait des expériences* afin de connaître.

Sensible

Le sensible désigne trois choses.
1) Ce qui relève des sens* ainsi que du côté charnel de l'existence*.
2) Ce qui est délicat, difficile à manier et même à approcher ou à toucher.
3) Un domaine de la connaissance*.
Ainsi, chez Platon*, le sensible renvoie aux corps* ainsi qu'à une approche purement corporelle de la réalité*. Platon a critiqué le sensible car il a mis en garde contre le fait de vouloir toujours tout ramener au corps, tout sentir, tout voir, tout toucher. Une telle approche, forcément très égocentrique, empêche d'accéder à la pensée*, ainsi qu'à la recherche métaphysique s'efforçant de dégager la profondeur des choses* derrière leurs apparences*.

Signe

Le signe est un élément matériel, corporel, gestuel, pictural ou sonore, dont la caractéristique principale est d'évoquer quelque chose en renvoyant à autre chose que lui-même. Au fondement* du langage*, dont toute l'opération consiste à savoir transformer des sons ou des traces visibles en significations, le signe est aussi au fondement de nos rapports avec le réel, puisque c'est en considérant le réel comme faisant signe que l'on parvient à explorer celui-ci. La sémiologie, science* des significations, repose entièrement sur l'usage des signes afin d'interpréter le réel.

Signifiant, signifié

Pour Ferdinand de Saussure (1857-1913), le langage* est un système* de signes* dont la particularité réside dans le fait que chacun d'entre eux est ce que ne sont pas les autres – un signe étant défini par la combinaison de ses rapports avec les autres signes. S'agissant du signe, celui-ci se compose de deux parties : une partie matérielle, le signifiant ; une partie conceptuelle, le signifié. C'est l'association du signifiant et du signifié qui confère au signe son efficacité.

Société

La société désigne le lien formé par l'association des hommes entre eux. Si la société résulte de la réunion des hommes entre eux, le simple fait de se réunir ne suffit pas à fonder une société. Celle-ci se construit sur la base d'intérêts matériels et symboliques communément partagés.
Il y a deux manières possibles d'envisager la société. La première, issue d'Aristote*, consiste à poser l'homme comme étant un animal social, se conjuguant par Nature* au pluriel. Dans cette perspective, on ne fondera pas la société puisque celle-ci est un fait* naturel. On aura, de ce fait, une attitude critique à l'égard de toute approche individualiste, comme on se méfiera des façons non naturelles de vouloir créer un lien social. La seconde façon de penser la société est individualiste. Illustrée au départ par Hobbes*, cette approche de la réalité* sociale renvoie au désir* d'en comprendre* le fondement* rationnel. Hobbes, en son temps, a utilisé une approche individualiste de la société afin de fonder la monarchie absolue sur un mécanisme* et non plus sur la théorie* religieuse de la monarchie de droit divin.

On doit aussi à Rousseau* une théorie individualiste de la société. Afin de critiquer une société devenue violente, et pour penser la possibilité d'une société qui cesserait de l'être, Rousseau est parti de l'homme intérieur vivant en lui-même en mettant à distance l'homme extérieur vivant par rapport aux autres. Née au XIXe siècle sous l'impulsion d'Auguste Comte*, la sociologie est au carrefour d'un double enjeu scientifique et politique. Scientifiquement, la sociologie a tendance à se poser comme la science* de toutes les sciences. Si, en effet, on part du principe* que c'est l'homme qui fait la science et que, dans l'homme, c'est l'homme en société et non l'homme comme conscience* subjective qui compte, on aboutit nécessairement à faire de la conscience collective de l'homme pris en société la clé des mécanismes de production* de la connaissance*. En outre, la sociologie est un enjeu politique, en affirmant que tout phénomène* est toujours un phénomène social et non un phénomène individuel, face, par exemple, aux explications de l'homme par l'individu* et non par le social.

SOCRATE

Socrate (470-399 av. J.-C.) est le père fondateur de la philosophie* occidentale. Sa pensée* s'est développée autour de trois idées* majeures.
1) La critique* des sophistes*. À l'encontre d'un certain nombre de maîtres de sagesse* de son temps qui affirmaient que tout est relatif, Socrate n'a cessé de montrer que les valeurs* humaines ne sont fondées que dans la mesure où celles-ci ont un caractère qui n'est pas relativisable. De ce fait, il est le premier a avoir pensé la réalité* humaine en termes d'essence*, l'essence guidant la construction de celle-ci.

2) L'art* du questionnement. Partant du principe* que la réalité est guidée par des essences, c'est-à-dire par des Natures* premières non relativisables donnant à toutes choses* leur réalité, Socrate n'a cessé de questionner et de faire se questionner afin de mettre en question* une construction du réel dépourvue de toute essence et, surtout, de faire apparaître le monde* des essences. D'où, de sa part, un usage systématique de la question voire de l'ironie*.

3) La conscience* de l'homme. Si l'essence gouverne le monde extérieur, elle guide surtout l'homme sous la forme* de son identité* profonde, à savoir la conscience. L'homme est humain de posséder en lui une conscience non relativisable grâce à laquelle il devient en mesure de conférer un sens* et une valeur à ce qu'il vit. Comme il n'en a pas toujours conscience et qu'il lui arrive même de se prendre davantage pour un animal que pour un homme, il importe de l'aider à retrouver la conscience de lui-même. D'où l'effort de Socrate afin d'aider les âmes* à accoucher d'elles-mêmes à travers son enseignement.

La voix de la conscience
On a souvent parlé du démon de Socrate pour désigner la voix intérieure qui, parfois, s'éveille en l'homme et le secoue. C'est cette voix profonde qu'on appelle la conscience et qui forme le véritable moi de l'homme.

Solipsisme ▲

Le solipsisme est ce qui arrive à un sujet* lorsque, croyant parler d'une réalité* objective et extérieure à lui-même, il ne parle en fait que de lui.

Dans la IIe Méditation métaphysique, lorsqu'il découvre la conscience* comme étant une vérité* indubitable, Descartes* a conscience que ce n'est pas parce que celle-ci est indubitable qu'il faut pour autant se borner à elle. Aussi se demande-t-il si, en dehors du sujet pensant, il existe une vérité. Ce qui le conduit à découvrir de l'intérieur de lui-même, sans rien céder à la vérité de la conscience, l'existence* d'une conscience autre, conservant sa conscience. En l'occurrence Dieu*, qui est la conscience de toute conscience.

Sophiste

Les sophistes désignent un important courant de la philosophie* aux Ve et IVe siècles av. J.-C. Ils sont connus en raison des critiques* que Platon* leur a adressées. Leur pensée* se caractérise par trois idées* majeures.

1) Il n'y a aucun fondement* métaphysique présidant à l'élaboration des valeurs* humaines, et en particulier à la vérité*, à la morale* et au beau*. Toutes les valeurs sont le résultat d'une convention que les hommes ont plus ou moins passée entre eux. Aussi faut-il dire, comme Protagoras (v. 486-v. 410 av. J.-C.) l'a fait, que « *l'homme est la mesure de toutes choses** ».

2) Si tout est ainsi relatif, c'est qu'en définitive, derrière l'absence de fondement métaphysique, se cache un fondement physique. Les hommes conviennent entre eux d'un certain nombre de valeurs selon les circonstances, parce que, fondamentalement, ils sont guidés par leur corps* et ce qui convient à celui-ci. En l'absence de tout guide dans le ciel, sur terre, c'est le plaisir* qui sert de guide. De ce point de vue, la sophistique est un matérialisme* hédoniste, dont Platon apercevra vite la contradiction principale, à savoir le fait de vouloir ériger en principe* l'action de faire feu de tout bois afin de vivre selon sa convenance, ce qui revient à vouloir faire passer l'absence de fondement pour un fondement. D'où l'accusation justifiée à l'encontre des sophistes de tenir des raisonnements fallacieux ayant l'apparence* de raisonnements, mais n'étant pas des raisonnements.

La contradiction du régime démocratique
C'est Platon qui, le premier, l'a vu. Si ce régime en vient à se fonder sur la liberté individuelle davantage que sur le souci du bien de tous, alors on est sûr de voir triompher la tyrannie des désirs égoïstes au détriment de l'intérêt général.

3) De par leurs présupposés philosophiques, les sophistes ont été les défenseurs de la démocratie*. Toutefois, ainsi que le montrera Platon, si avec les sophistes on peut s'accorder pour dire que la tyrannie* est le pire des régimes, la question* se pose de savoir si c'est par un régime fondé sur une convention collective que l'on peut le mieux lutter contre la tyrannie. Car, quand le plaisir se met à guider une cité*, n'y a-t-il pas un danger de voir apparaître un régime politique fondé sur la démission des uns, vivant dans la facilité, et la démagogie des autres, flattant la facilité des premiers afin de mieux pouvoir les dominer ?

Souveraineté

La souveraineté désigne l'instance suprême qui, dans un régime politique, prend les décisions. La monarchie incarne un type de souveraineté fondé sur un seul homme exprimant la continuité d'une lignée. La démocratie* exprime la souveraineté du peuple à travers ses représentants réunis en assemblée afin de faire valoir non la continuité d'une lignée, mais la volonté* générale.

Spéculation ▲

La spéculation, qui vient du latin *speculum* qui désigne le « miroir », est l'activité de la réflexion à l'état* pur. Souvent considérée comme vaine, la spéculation est rejetée. Toutefois, Hegel* lui a conféré un sens* noble en faisant de la spéculation le moyen d'accès à l'absolu*. C'est en effet quand le philosophe entreprend de penser librement pour penser qu'il accède à la réalité* du spirituel en tant que tel, le spirituel ne vivant que pour l'esprit* et, donc, pour la liberté* de l'esprit. Le fait de dire que l'esprit

La profondeur de la spéculation
Avant Hegel, c'est Platon qui a compris la profondeur de la spéculation, lorsqu'il a montré que la *theoria*, à savoir la pure contemplation, est le modèle de toutes choses. Et ce, parce que c'est d'une pure liberté que tout reçoit sa liberté.

mène le monde* est toujours dur à comprendre*. C'est néanmoins en pensant pour penser dans la pure liberté de la pensée*, que nous comprenons la profondeur de la spéculation.

SPINOZA (Baruch) ▲

Grand critique de Descartes*, Spinoza (1632-1677) a développé sa pensée* autour de trois idées*-forces.

L'unanimité
Hegel a dit à propos de Spinoza : *« C'est Spinoza ou pas de philosophie. »* Et Bergson a rajouté : *« Tout homme a deux philosophies : celle de Spinoza et la sienne. »*

1) La critique* de la transcendance*. Spinoza n'a jamais été contre l'idée que Dieu* existe. Au contraire. Dans son système*, Dieu existe tellement que tout est en lui. En revanche, il n'a cessé de s'opposer à la vision que les hommes se font de Dieu. Alors que Dieu agit avec sagesse* et que, de ce fait, tout ce qu'il fait est intelligent, la vision humaine de Dieu ne cesse d'être dépourvue de sagesse et remplie de passions*, puisque, quand le sort est favorable aux hommes, ceux-ci louent Dieu. Et, quand le sort leur est néfaste, ils ont tendance à le maudire. D'où la nécessité* de revenir à un Dieu sage, en ayant confiance dans l'intelligence* de celui-ci.
2) La critique de l'homme. Si l'homme se fait une fausse idée de Dieu, cela provient de l'importance qu'il donne à son moi*. L'homme n'est pas un empire dans un empire, mais un être* mû par la vie* et prenant sens* corps* et âme*. D'où l'erreur* consistant à en faire un être à part, au-dessus de la vie. L'individualisme, qui croit pouvoir tout savoir et tout faire, est une illusion*. D'où la nécessité de repenser l'homme et sa liberté*. Être libre, ce n'est pas faire ce que l'on veut, c'est délivrer en soi ses forces* de vie.

3) L'affirmation de la puissance*. Les hommes sont impuissants, c'est-à-dire faibles, et tout ce qu'ils font va davantage dans le sens de leur impuissance et de leur faiblesse. Aussi convient-il, si l'on veut pouvoir leur venir en aide, d'œuvrer afin de les rendre plus forts. Et ce, en ne leur faisant pas honte de leurs forces de vie et, en particulier, de leur vie charnelle ici et maintenant. D'où l'importance de repenser la politique* en ce sens. En élaborant une vie politique dans laquelle le pouvoir* politique fait confiance aux gouvernés au lieu de les traiter en ennemis. Spinoza a marqué l'histoire* de la philosophie* et la marque encore, car il incarne la figure du sage, en cherchant à toujours voir ce que l'homme peut faire à partir des forces de vie qui sont en lui.

Spiritualité

La spiritualité désigne deux choses.
1) D'une façon générale, la spiritualité réside dans l'idée* qu'il y a un caractère irréductible de l'esprit*. Si l'homme ne saurait penser sans cerveau, la pensée ne se réduit pas au cerveau. Et ce, parce que pour penser, encore faut-il le vouloir et pas simplement disposer d'une machine qui fonctionne bien. D'où l'importance donnée à l'esprit ainsi qu'à la liberté* afin de fonder la relation* humaine au réel.
2) Dans la religion*, la spiritualité désigne une expérience* intérieure de la religion ne se contentant pas d'une simple appartenance sociologique à celle-ci. Il existe aujourd'hui un débat très vif parmi les philosophes afin de savoir si l'esprit est un pur produit du cerveau ou s'il possède une autonomie* par rapport à celui-ci.

Stoïcisme

Le stoïcisme est l'un des courants majeurs de la morale* antique. On distingue trois époques dans son développement :

– l'ancien stoïcisme fondé vers 315 av. J.-C. par Zénon de Kition ;

– le moyen stoïcisme du Ier siècle av. J.-C. avec Posidonius d'Apamée ;

– le stoïcisme impérial avec Sénèque, Épictète* et l'empereur Marc Aurèle.

Le stoïcisme est marqué par trois idées* majeures.

1) Un recul à l'égard de la société*. Pour les stoïciens, les hommes vivent trop par rapport à l'extérieur et pas assez par rapport à l'intérieur. Ils attendent en vain un salut de l'extérieur, quand ils ne s'agitent pas inutilement afin de changer le cours des choses*. Aussi convient-il de revenir vers soi, afin de vivre plus intérieurement et surtout plus en accord avec la Nature*.

2) Un rationalisme*. Vivre en accord avec la Nature, c'est apercevoir que rien ne se produit en elle par hasard*. Tout est déterminé par la nécessité* qui s'exprime par le fait que rien ne vient sans cause*. Tout a une raison* d'être*. Et ce, du fait de la prévoyance des dieux. On peut ainsi parler d'une âme* du monde* manifeste à travers l'interdépendance des corps*.

3) Une morale du détachement. Quand on a compris ce qu'est le monde, on débouche sur une morale* qui délivre. Si, en effet, il n'est pas donné aux hommes de pouvoir changer les choses, il est en leur pouvoir*, en revanche, de pouvoir changer leurs représentations* des choses. D'où l'importance d'apprendre à bien juger des choses, car c'est bien souvent de nos erreurs* de jugement* que nous souffrons, en réclamant, par exemple, l'impossible ou en nous révoltant vainement contre ce qui est.

Souffrir inutilement

On a souvent représenté le stoïcisme sous la forme d'une acceptation résignée de la souffrance. En fait, le stoïcisme est une fine analyse des mécanismes par lesquels les hommes en arrivent à souffrir inutilement.

La notion de structure

Elle est née en linguistique, à l'occasion de l'étude phonétique du langage qui a permis de faire apparaître les racines indiennes des langues européennes. Elle a été utilisée systématiquement par la suite par Ferdinand de Saussure (1857-1913) en linguistique, par Claude Lévi-Strauss (né en 1908) en anthropologie, par Jacques Lacan (1901-1981) en psychanalyse, et par Michel Foucault (1926-1984) en philosophie.

Structure ▲

Une structure est un ordre* résultant des relations* qu'un certain nombre d'éléments peuvent avoir entre eux. Dépendant non d'une Nature* ou d'un sens*, et encore moins d'une réalité* transcendante, mais de la combinaison des rapports qui peuvent s'établir entre ces éléments, une structure tend à faire du sens ou de la Nature un effet des combinaisons de relations, et non des relations existantes l'effet d'un sens ou d'une Nature. Aussi, dans les années soixante, un courant de philosophie* est-il né de cette approche révolutionnaire du sens et de la Nature. Utilisé en linguistique, en anthropologie, dans l'analyse* des mythes*, la compréhension* des systèmes* sociaux ou l'approche psychanalytique de l'organisation psychique, le structuralisme s'est vite révélé fécond en montrant comment le sens jaillit d'un ordre souvent inattendu. Comment aussi, celui-ci n'est jamais donné une fois pour toutes, mais ne cesse de se construire au gré des différentes combinaisons possibles* entre un certain nombre d'éléments donnés. Si la pertinence du structuralisme réside dans sa capacité à mettre à distance le sujet* en laissant apercevoir que celui-ci est parlé plus qu'il ne parle, il butte néanmoins sur cette question* du sujet. Car, comment le structuralisme peut-il savoir que le sujet est parlé sans un sujet capable de parler et pas simplement d'être parlé ? N'est-ce pas grâce à notre conscience* que nous prenons conscience des structures inconscientes qui nous déterminent.

Sublime ▲

Le sublime apparaît quand on se trouve confronté à la grandeur* de l'homme ou de la Nature*, et qu'à l'occasion de cette grandeur on a l'impression d'assister à une forme* de dépassement. En ce sens*, le sublime présente la particularité d'être, de l'intérieur des choses*, un dépassement de la condition humaine. D'où son lien avec la transcendance*. Si la philosophie* moderne, en effet, nourrit des réserves à l'égard de la notion religieuse de transcendance, elle reconnaît la réalité* d'un dépassement de l'homme dans certaines expériences* sublimes. Ainsi, Pascal* a bien montré que l'homme est grand quand il se reconnaît misérable. De même, il y a quelque chose de sublime dans le don de sa vie* à autrui* ou dans le courage malgré les épreuves. Enfin, Kant* a fait apercevoir, dans la critique* de la faculté de juger, le rapport de l'esthétique* au sublime. Manifestement, en effet, il n'y a pas que le spectacle de l'harmonie qui provoque une forme de plaisir*. On peut avoir du plaisir à être saisi par une réalité plus forte que soi, comme la Nature déchaînée. Le sublime devient alors l'expérience non plus d'un rapport au sens, comme dans le cas de la beauté, mais d'un rapport à la morale*, puisqu'il éveille la volonté* et la force* que l'on a en soi, en mettant en présence d'une autre force à l'occasion d'une confrontation entre l'homme et les forces de la Nature.

La notion de sublimation
Elle est fréquemment utilisée en psychanalyse afin de désigner le fait de transposer sa libido sur un plan plus élevé. Quand un individu est en mesure de projeter son énergie sexuelle dans des domaines comme l'art ou la science, on a affaire à une sublimation réussie. Quand, au contraire, il est envahi par sa sexualité, on est en présence d'un échec de la sublimation.

Substance ▲

La substance est, comme son origine latine l'indique, le fait de « se tenir sous ». Elle est, autrement dit, la réalité* permanente qui demeure à travers le changement. Si Platon* a situé la substance dans les idées*, Aristote* l'a située dans la réalité pleinement en acte*. Au XVIIe siècle, Descartes* a défini la substance comme ce qui est capable de se soutenir par soi. D'où le lien entre la substance et le sujet*.

Spinoza* radicalisera ce lien en identifiant la substance à Dieu*. La substance pose la question* même de la métaphysique*. Existe-t-il une réalité indépendante de l'homme qui ne dépende que d'elle-même ? Si, pour le matérialisme*, il ne s'agit là que d'une illusion*, tout le sens* de l'entreprise métaphysique réside dans le fait de montrer que l'homme et ses représentations* ne sont pas les seules réalités au monde*.

Sujet ▲

Le sujet désigne plusieurs choses.
1) Le thème dont on parle. Par exemple, le sujet d'une discussion.
2) Celui qui est soumis à l'autorité du prince ou de la loi*. Exemple, le sujet du roi.
3) Celui qui est affecté par la maladie et que la médecine étudie. Ainsi, on dira d'un malade qu'il est le sujet de sa maladie.
4) Le représentant du moi* dans le discours. Le sujet est au fondement* de la phrase, dont la structure* se construit sur le mode* sujet-verbe-complément.
5) Enfin, le sujet désigne un fondement métaphysique. Si pendant longtemps la philosophie* a pensé que l'esprit* repose sur un ordre* des choses* extérieur à l'homme, avec Descartes*, l'histoire* de la métaphysique* va connaître un changement. En effet, Descartes va situer le fondement de la pensée* dans le fait* humain de vouloir penser. Le sujet ne cesse d'être un objet* de controverses entre philosophes, car, alors que le matérialisme* tend à nier le sujet en situant les conditions déterminantes de la pensée en dehors du sujet, l'idéalisme* soutient au contraire que le sujet ne doit qu'à lui-même de pouvoir penser.

Syllogisme ▲

Le syllogisme, qui en grec veut dire « démonstration* », est un raisonnement tel qu'à partir de prémisses* données le raisonnement aboutit à des conclusions nécessaires sans recourir à autre chose qu'aux prémisses données au départ.

Aristote et le syllogisme

C'est à Aristote que l'on doit la théorie du syllogisme, dont la forme exemplaire est résumée par le célèbre enchaînement suivant : « Tous les hommes sont mortels, Socrate est un homme, donc Socrate est mortel. » Si le syllogisme n'invente rien à proprement parler, il permet en revanche de corriger la pensée et d'affermir sa rigueur.

Symbole ▲

Un symbole est une image* réelle ou langagière, dont la particularité réside dans le fait d'utiliser un élément matériel afin de signifier une réalité* abstraite ou spirituelle. Ainsi le lion, qui est un animal, désigne la force*, qui est une vertu*.
La notion de symbole est au cœur de la définition de l'intelligence* humaine, puisque le propre de l'intelligence conceptuelle est de savoir se servir de la réalité matérielle afin d'en faire un instrument intellectuel. Elle renvoie cependant aussi à la construction psychologique de l'homme, celui-ci se structurant en étant capable de donner un langage* à ses pulsions, au lieu de simplement vivre celles-ci.
Enfin, le symbole a une portée métaphysique et religieuse, puisque s'élever à la hauteur de la réalité métaphysique ou religieuse des choses*, c'est apercevoir que la vie* matérielle a un sens* autre, celle-ci ne renvoyant pas qu'à elle-même.

Synthèse

La synthèse est l'opération intellectuelle qui vise à opérer la réunion d'éléments contradictoires, en montrant qu'il est possible de les unir.
C'est Kant* qui a fait apparaître le caractère fondamentalement synthétique de la connaissance*, celle-ci parvenant à réconcilier le sensible* et le concept* de l'entendement* grâce à l'idée*

de progrès*. Le progrès de la connaissance exigeant en effet que l'on sache de quoi on parle et que l'on anticipe, la connaissance associant toujours un élément empirique et un élément intellectuel.

Système

Un système est une combinaison d'éléments telle que ceux-ci en viennent à déterminer une totalité d'éléments interdépendants. S'il arrive qu'il y ait des systèmes qui obéissent à une fonction* particulière (le système nerveux, le système astronomique), en philosophie*, le système tend à désigner le réel en tant que tel. Si Kant* a montré que le système est l'idéal de la connaissance*, c'est Hegel* qui a donné ses lettres de noblesse à la notion de système, en voyant dans la notion de totalité organisée la définition même du réel. Il n'y a de réel que systématique, car il n'y a de réel que sérieusement structuré.

T

Tautologie

Une tautologie est une proposition vraie parce que identique à elle-même. Ainsi, les hommes sont des hommes désigne une tautologie. Si, d'un côté, une tautologie désigne une évidence qui semble vide de sens*, d'un autre côté, une tautologie est le rappel de l'identité* profonde de chaque élément du réel. Aussi n'est-elle pas si vide qu'elle en a l'air. Leibniz* a pensé que toute la logique* pouvait se ramener à des propositions tautologiques.

Technique

La technique est au carrefour de deux significations.
1) La technique désigne, au sens* noble, l'art* et la manière de savoir user des choses* ou des êtres afin d'en tirer le maximum d'efficacité.
2) La technique, au sens plus trivial, désigne le fait de se servir des êtres ou des autres à son profit.
D'où l'ambiguïté de la technique, au carrefour de la liberté* et de l'asservissement. « *Si l'art ne saurait être sans un certain asservissement du monde** », l'asservissement du monde à lui seul ne débouche pas sur l'art. D'où le problème* posé par la technique et le difficile arbitrage entre la liberté et la servitude.

Partagée ainsi entre deux extrêmes, la technique revêt un double caractère. D'un côté, il y a en elle un caractère fondateur d'humanité*, puisque l'outil et le signe* vont de pair. Se servir d'un son pour en faire un signe relève de la même opération que celle consistant à se servir d'un objet* pour en faire un instrument.
Si les signes et le langage* sont des outils, les outils sont des signes et un langage. D'où l'aspect noble de la technique, conférant un langage à la vie* humaine en étant, dans l'être*, l'acquisition de la manière d'être. Quand c'est le cas, la technique se fond dans la culture* en faisant partie de l'art de vivre. D'un autre côté néanmoins, la technique est un enjeu de pouvoir*.
Car, permettant de fabriquer plus en travaillant moins, elle peut entraîner de gros profits.
D'où son aspect ambivalent la conduisant à accroître d'un côté la richesse et l'efficacité, tout en provoquant d'un autre côté de graves crises sociales et, en particulier, une déstructuration du travail*. On est dès lors en présence d'une barbarie* technique renvoyant à une logique* de violence*, pour qui la fin justifie les moyens.

Téléologie

Toujours d'actualité
Avec l'apparition des sciences de la vie, on a affaire à un retour de la notion de finalité, la vie étant impensable sans une finalité.

La téléologie, qui vient du grec *telos* qui veut dire « fin », est un discours sur la finalité des choses*. Alors que les Grecs pensaient que le monde* est organisé en vue d'une fin, les modernes, tel Descartes*, ont eu tendance à évacuer la téléologie du discours philosophique, en voyant dans celle-ci un modèle trop contraignant préjugeant de la liberté* et du dynamisme interne du monde.

Temps ▲

Le temps désigne quatre choses.
1) Un écoulement. Le temps est d'abord un écoulement. L'écoulement de la vie* qui passe et qui emporte tout sur son passage. D'où le rapport du temps à l'irréversible et, à travers ce caractère, à un certain côté tragique de la vie.
2) Un cycle. Si le temps passe, le temps revient. Chaque année ramène le retour des saisons. Tout n'est donc pas instable dans le temps, ni changeant. Il y a en lui du stable et du permanent. D'où l'opposition à une vision tragique du temps, d'une sagesse* du temps insistant sur l'éternel retour*.
3) Le temps linéaire. Si le temps cyclique incarne le temps des choses* et de la Nature* qui recommence inlassablement son travail*, nous vivons, en tant qu'hommes, le temps d'une façon linéaire. Le passé n'est plus. L'avenir n'est pas encore. Seul le présent demeure. Vivre donc pour le passé ou pour l'avenir n'a pas de sens*. Seul le présent compte, et, avec lui, l'action. Le temps linéaire est devenu le temps de référence de la culture* scientifique. Ouvert sur le présent et l'action, il est à l'image* d'un monde* épris de maîtrise technique. Faisant de l'avenir et du présent les conséquences des actions passées, il exprime un ordre* gouverné par la causalité. Mais n'est-il pas réducteur de vivre ainsi ? C'est la question* que se posera Bergson* en se demandant si l'on peut dissocier le présent de la mémoire* et surtout si la construction du temps se réduit à la maîtrise du présent. D'où sa conception d'un temps qualitatif.
4) Le temps vécu. S'il faut maîtriser le monde pour vivre, vivre ne se réduit pas qu'à la maîtrise du monde. Car vivre, c'est aussi laisser vivre en soi

Saint Augustin et le temps
« Si on ne me demande pas ce qu'il est, je sais ce qu'il est. Si on me le demande, je ne le sais plus. Du point de vue de la conscience, le temps est fuyant, donc indéfinissable. »

toutes sortes de choses. D'où l'importance de la durée* et de la multiplicité. Si l'on veut pouvoir rencontrer l'existence*, il faut apprendre à faire durer et laisser durer les choses. On découvrira ainsi toutes sortes de mondes, de vies possibles, de temps distincts.
Le temps vivant n'est pas un*. Il est multiple.
La phénoménologie*, après Bergson, s'est penchée sur la diversité de ces temps afin de les étudier.
Si le temps fait l'homme en le modifiant, l'homme fait aussi le temps en le modifiant.
Aussi Kant* a-t-il eu raison de définir le temps comme une forme* *a priori** de la sensibilité*, c'est-à-dire comme une condition de possibilités de relations* vécues de toutes sortes.

Les raisons de l'action de Dieu

Dostoïevski (1821-1881) a posé le problème de la théodicée dans *Les Frères Karamazov* (1879-1880) en faisant dire à l'un de ses héros, Ivan : « *Comment Dieu peut-il tolérer que l'on tue des enfants ?* » À ce cri d'Ivan, son frère Aliocha répondra : « *C'est quand Dieu n'existe plus pour l'homme que l'on se met à tuer des enfants. Car, quand Dieu n'existe plus, tout est permis.* »

Théodicée

La théodicée est un discours qui vise à justifier l'action de Dieu* dans l'histoire* en montrant que celui-ci n'est pas responsable du mal* qui s'y déroule. Le problème* de la théodicée est un problème principalement théologique.
Il consiste à montrer que la toute-puissance de Dieu n'est pas incompatible avec sa bonté et inversement.
Quand, en effet, on met l'accent sur la toute-puissance de Dieu, on sauve la sagesse* de celui-ci en insistant pour dire qu'il a tout prévu.
Mais, du coup, on fait de Dieu celui qui a voulu le mal et, de ce fait, on lui supprime toute bonté.
Quand, à l'inverse, on soutient que Dieu ne veut pas le mal, on sauve assurément sa bonté, mais au détriment de sa sagesse et de sa toute-puissance. La solution de Leibniz* consistait à dire que Dieu n'a pas voulu le mal. Il l'a toléré en vue d'un bien* plus grand. Dieu aurait pu faire qu'il n'y ait pas la possibilité du mal, mais il aurait

alors créé un monde pauvre, imparfait. En créant la possibilité du mal, il a créé un monde* doté de la plus riche combinaison de possibles* qui soit. Si le mal est toléré, il n'est jamais voulu. Le mal, chez Leibniz, n'est jamais qu'un moindre mal.

Théologie

La théologie est la science* de Dieu*. Si la théologie dite naturelle s'efforce, à partir des seules données de la raison* humaine, de montrer que Dieu existe, comme c'est le cas chez Aristote*, la théologie révélée s'efforce, elle, au contraire, de partir de l'enseignement donné par Dieu dans la Bible afin d'éclairer le monde* et l'intelligence* humaine. Elle s'efforce donc, non pas d'éclairer Dieu par la raison, mais d'éclairer la raison par Dieu, sans aucunement chercher à le démontrer. On distingue également, dans la théologie, la théologie positive, qui prétend parler de Dieu à partir de ce qu'il est, et la théologie négative, qui s'efforce de parler de Dieu à partir de ce qu'il n'est pas.

Théorie

La théorie désignait primitivement chez les Grecs le plus haut degré de la connaissance*, sous la forme* d'une contemplation* ressaisissant chaque chose* dans la lumière de la connaissance divine. Par extension*, la théorie s'est mise à désigner toute forme de vue d'ensemble. Ainsi, en philosophie*, la théorie désignera toute articulation d'énoncés faisant système*. En sciences*, la théorie désignera tout système explicatif fondé sur des lois* et destiné à rendre compte du réel.

THOMAS D'AQUIN (saint)

Saint Thomas d'Aquin (1228-1274), qui est le théologien par excellence du catholicisme, a développé sa pensée* autour de trois idées* majeures.

1) La compatibilité de la foi* et de la raison*. Si la foi s'adresse à un Dieu* révélé et la raison à la connaissance* de la Nature*, il n'y a pas d'incompatibilité entre foi et raison. Car s'il y en avait une, cela voudrait dire que Dieu n'a pas tout fait avec sagesse* et qu'il a agi d'une façon irrationnelle. Et inversement, si la raison ne pouvait pas éclairer la foi, cela voudrait dire qu'elle n'a pas de vertu* spirituelle.

2) La méthode* d'Aristote*. C'est Aristote qui a élaboré la bonne méthode en philosophie* en partant de ce que l'homme peut voir avec ses sens* et juger avec sa pensée. Il faut partir du réel. De ce qui est. Et s'interroger sur ce qui est. On aperçoit alors que rien n'a pu se faire sans cause* ni sans fin. Et, peu à peu, de cause en cause, on remonte jusqu'à la cause première.

3) Un Dieu existentiel. Si le Dieu d'Aristote est un Dieu physique, le Dieu de saint Thomas est un Dieu existentiel. Car sa particularité n'est pas de tout attirer à lui en étant un désir*, mais de tout faire exister hors de lui, en étant une liberté*. La création* est le résultat de l'action d'un pouvoir* infini de création, qui a voulu tout faire exister en dehors d'elle. D'où l'ouverture du thomisme (les théories philosophiques et théologiques de saint Thomas d'Aquin) sur un sens de la liberté humaine.

Totalitarisme

Le totalitarisme est un régime politique dans lequel la notion du tout est considérée comme la valeur* suprême. Vouant un culte à la totalité, le totalitarisme se caractérise par un culte de l'État* et une destruction de toutes les libertés* individuelles – l'individu* n'ayant sens* à ses yeux que dans le cadre de l'État. D'où, dans le totalitarisme, une répression féroce à l'encontre de tous les opposants, un régime de surveillance policière implacable, ainsi qu'une militarisation de la vie* entière, chaque individu étant embrigadé, de sa naissance à sa mort*, dans des associations créées par l'État. Concept* au départ fasciste, le totalitarisme s'est mis à désigner le communisme* sous Staline (1879-1953).

Transcendance ▲

La transcendance signifie littéralement ce qui traverse en élevant. Par extension*, elle renvoie à l'au-delà. Au supérieur. Il est question de la transcendance en religion* et en théologie* pour parler de la Nature* de Dieu*. Cette notion est l'objet* de controverses parmi les philosophes. Car, si certains d'entre eux, tel Nietzsche*, ont tendance à voir en elle une illusion*, l'idée* d'une réalité* autre que notre réalité étant une contradiction* – l'autre ne pouvant être réel et le réel ne pouvant être autre –, un certain nombre de penseurs lui ont au contraire conféré une pertinence. Ainsi, Kant* a montré que la transcendance était constitutive de la raison*, cette dernière étant obligée de postuler un inconditionné* afin de penser le conditionné. C'est parce que l'homme est capable de recul à l'égard de la réalité qui le détermine qu'il peut penser le déterminisme*. En outre, la phénoménologie* s'est longuement penchée sur le mouvement de dépassement de la connaissance*, et elle conduit celle-ci à se transcender en allant au-delà d'elle-même vers le monde*.

Transcendantal ▲

La notion de transcendantal est une notion centrale chez Kant*. Cette notion signifie ce qui est indépendant de l'expérience*, purement *a priori**. Kant a utilisé la notion de transcendantal afin de parler d'un certain nombre de réalités* qui sont les conditions de notre expérience, sans pour autant leur conférer un caractère métaphysique, c'est-à-dire une réalité supérieure. Ainsi, pour Kant, le moi* a un caractère transcendantal sans être pour autant une entité métaphysique.

Transformisme

Conception, due à Diderot (1713-1784) puis au naturaliste français Lamarck (1744-1829), selon laquelle les espèces se transforment les unes dans les autres, leur identité* n'étant pas fixée au départ. Si, pour Lamarck, l'évolution* suit un plan, pour Darwin (1809-1882), celle-ci est due au hasard*.

Travail

Le travail est au carrefour de deux significations.
1) Travail veut d'abord dire effort afin de surmonter une résistance. D'où un aspect de lutte dans le travail. L'homme doit travailler pour arracher sa survie dans la Nature*.
2) Par ailleurs, le travail renvoie à ce qui est travaillé, recherché, élaboré, cultivé, à l'encontre de ce qui est brut, grossier, non ouvragé. Si bien que l'on trouve une contradiction* à propos du travail. Si toute culture* suppose une lutte et un travail, tout travail et toute lutte n'entraînent pas forcément une culture. Positivement, le travail humanise l'homme, puisqu'il est une des conditions de sa culture avec le langage* et la technique*.

Enjeux
Parce que le travail enrichit la Nature en y faisant surgir de l'art, il est source de profits et, par là, enjeu de pouvoir. D'où des luttes autour de celui-ci, afin de se l'approprier et de l'exploiter, avec à la clef de graves situations sociales et humaines.

L'animal ne travaille pas, au sens* où il n'élabore rien. L'homme, en revanche, a besoin de travailler. Pas simplement pour survivre, mais parce qu'il y a dans le travail une dimension créatrice. À la limite, rien ne distingue le travail et l'art*, l'art étant le travail réalisé.

Tyrannie

La tyrannie désignait, chez les Grecs, cette forme* de régime politique où un seul gouverne sans le consentement de la cité*. Pas forcément négative au départ, la tyrannie s'est mise à désigner la violence* aveugle au pouvoir* ainsi que le règne de l'arbitraire. Platon* a dressé ainsi un portrait sans concession du tyran, assimilé à l'égoïsme effréné. Il importe de distinguer la tyrannie du totalitarisme*. Alors que le tyran se moque d'être aimé, pourvu qu'il ait le pouvoir, le dictateur, lui, ne veut pas simplement avoir le pouvoir, il veut aussi se faire aimer.

U

Un ▲

Le Un est un des concepts* majeurs de la pensée* de Plotin*. Loin d'être une notion quantitative désignant l'unité, il est avant tout une notion qualitative désignant l'humanité*, tout en désignant aussi l'unicité. Plotin a utilisé cette notion de Un afin de caractériser ce qui se trouve au fondement* de l'ordre* du monde*. Au fondement de toute réalité* existe un principe* d'équilibre, d'harmonie, sans quoi rien ne pourrait exister, le chaos étant incapable de rien organiser. En outre, ce caractère harmonieux au fondement du monde a quelque chose d'unique, un fondement réel, il n'est pas lui-même quelque chose de réel. Le monothéisme* a utilisé, de son côté, la notion de Un afin de souligner que Dieu* n'est pas multiple, mais surtout harmonie et non violence*, c'est-à-dire essentiellement moral.

Unanimité et universalité
L'unanimité n'est pas l'universalité, ni la confrontation de divergences, une rupture de l'universel. Car l'universel étant de l'ordre de ce qui parle à l'humanité et non de l'ordre de la quantité, ce qui fait parler dans la divergence est plus proche de l'universel que ce qui suscite une unanimité dans l'indifférence. Hegel a donné une pleine valeur au concept d'universel car il a vu dans celui-ci la métaphysique en acte.

Universel ▲

L'universel désigne ce qui rassemble tous les hommes. Unité d'une diversité, comme son nom l'indique, l'universel n'est pas le général. Car, si le général est une unité sans diversité fondée sur le même caractère que l'on retrouve chez tout le monde, l'universel est, au contraire, une unité dans la diversité, qui n'abolit pas l'individualité, par exemple. L'art* est un bon exemple d'universel, une œuvre d'art parlant à chacun tout en parlant à tous et inversement.
La morale*, la philosophie* ainsi que la spiritualité* sont également des figures de l'universel. Témoin le fait* que les grandes figures morales, philosophiques ou spirituelles ne cessent de parler à travers les siècles et au-delà des frontières. Ce n'est pas forcément parce que tout le monde est d'accord que l'on est dans l'universel, ni parce qu'il demeure des désaccords dans l'humanité* qu'on n'y est pas.

Univoque ▲

Univoque veut dire d'une seule voix.
Par extension*, cela veut dire un seul sens*.
Au Moyen Âge, Duns Scot (v. 1266-1308) a utilisé le concept* d'univocité, afin de rompre avec la métaphysique* aristotélicienne.
Aristote*, en effet, pensait que l'être* se disant en plusieurs sens, le lien de l'homme à l'être passe par l'analogie*. D'où une perte du sens de l'être, l'homme pouvant ressembler à l'être et non le devenir en étant*. Duns Scot montrera que l'être ne parle que d'une seule voix, en l'être comme en l'homme. D'où un regain de sens donné par cette approche à l'idée* d'être.

Utilitarisme

L'utilitarisme est le nom donné à la doctrine de John Stuart Mill (1806-1873). Cette doctrine, fondée uniquement sur la notion d'utilité, s'est servie de ce concept* afin de résoudre par son entremise un certain nombre de grandes oppositions philosophiques comme celles, par exemple, de l'individu* et de la société* ou bien encore du bonheur* et de la vertu*. Stuart Mill a pensé pouvoir venir à bout de toutes les grandes questions* philosophiques avec son concept d'utilité.
En lui donnant trop d'extension*, il lui a fait perdre de l'efficacité et de la profondeur.

Utopie

L'utopie désigne deux choses.
1) Une idée* irréalisable parce qu'irréaliste.
2) Un mouvement philosophique.
Face au réalisme cynique de Machiavel*, Thomas More (1478-1535) écrit l'*Utopie* en 1516, afin de rappeler que la politique* ne doit pas simplement se fonder sur ce qui est, mais sur ce qui doit être. Car si les faits* se mettent à guider les valeurs*, le risque est grand qu'un fait sans valeur ou contre toute valeur se mette à devenir la valeur. En ce sens*, par sa portée critique à l'égard du réalisme des faits, l'utopie vise à maintenir un écart entre fait et valeur sans lequel il n'y a plus de valeur.

Utopie et violence
L'utopie peut s'avérer dangereuse quand, sous prétexte de réaliser le rêve sur la terre, le rêve se met à plier autoritairement le réel à ses propres exigences.
Le rêve devient alors un cauchemar.

Valeur ▲

La valeur désigne trois choses.

1) La valeur est d'abord une notion économique établie au cours de l'échange*. Plus une chose* est recherchée, c'est-à-dire rare ou travaillée, plus celle-ci acquiert de la valeur. À l'inverse, moins celle-ci est recherchée, c'est-à-dire rare ou travaillée, moins elle a de la valeur. Il peut y avoir une mystification de la valeur. Celle-ci apparaît quand on donne trop de valeur à ce qui n'en a pas et pas assez à ce qui en a. Cette situation surgit quand, par exemple, quelqu'un qui possède quelque chose que tout le monde recherche, mais qui n'a pas forcément beaucoup de valeur, profite de la situation en fixant une valeur artificielle.

2) La valeur désigne par ailleurs un principe* moral vu subjectivement et dynamiquement. On peut, en effet, penser la morale* d'une façon éternelle et intangible ou bien d'une façon historique. La valeur correspond à une approche historique de la morale. C'est Nietzsche* qui a posé la question* de la morale en termes de valeur, afin de montrer que celle-ci a un sens* en étant vivante pour les hommes et non abstraite et en soi.

Détournement
Pendant la guerre, certains se sont enrichis en profitant de la situation pour vendre du beurre, des œufs et du fromage à prix d'or. C'est là un exemple de détournement de la valeur des choses.

3) La valeur, de ce fait, est un signe*. Nietzsche en posant en effet la question de la morale en termes de valeur a voulu, au-delà du fait de renouer avec la vie* et le dynamisme, retrouver un rapport entre la morale et l'interprétation. D'où sa démarche visant à refaire de la vie morale un outil de connaissance*, en soumettant celle-ci à une évaluation.

Vérité ▲

La vérité désigne quatre choses.
1) D'une façon générale une vérité désigne un énoncé que nul ne peut remettre en cause, parce que celui-ci étant vérifié par les faits*, tout le monde peut le confirmer. De ce point de vue, la vérité renvoie à la correspondance entre une idée* et un fait, qui est la définition traditionnelle de la vérité. Ainsi, on parlera d'un discours incohérent en disant qu'il ne correspond à rien. On parlera, en revanche, d'un discours sensé en disant qu'il correspond à quelque chose.
2) La vérité n'est pas qu'un énoncé universel. Elle est aussi une expérience* de pensée*. Ainsi, c'est parce que l'on pense que l'on devient en mesure de trouver le fait qui correspond à une idée* et que l'on devient à même d'être dans le vrai. Aussi Descartes* a-t-il fait dépendre l'accord avec les faits d'un accord avec soi, c'est-à-dire d'une évidence. Si, en effet, nous pouvons avoir avec le monde* autant de rapports qu'avec nous-mêmes, nous serons sûrs de pouvoir être dans le vrai.
3) Être ainsi dans le vrai du fait d'un engagement de pensée n'est pas simplement un acte* théorique. C'est aussi un acte pratique et moral. Car cela implique d'être vrai en faisant de la vérité non pas une chose* extérieure, mais un acte personnel intérieur.

D'où, ici, le caractère moral du rapport à la vérité résidant dans le fait de ne pas tricher, par exemple, en se contentant d'une vérité extérieure inauthentique, ne demandant aucun engagement intérieur.
Plus généralement, cela conduit à poser la question* du mensonge à propos du vrai. On peut se mentir à soi-même et mentir aux autres ou bien s'engager dans un rapport de vérité avec soi-même et avec autrui*. La vérité réside dans le choix existentiel de vivre pour la vérité en faisant de celle-ci un mode* de vie*.
4) Parvenu à ce niveau existentiel, la vérité rejoint l'essence* de la vie. Aussi n'est-elle pas une invention de l'homme, mais un caractère de la vie qui se dévoile à l'homme. On peut vivre sans vérité. On peut vivre avec vérité et dans la vérité. On peut vivre sans que la vie corresponde à quelque chose ou bien en faisant en sorte qu'elle corresponde à quelque chose.
La vérité réside dans le fait de s'ouvrir à cette possibilité de vie autre. Les Grecs appelaient cette ouverture *aletheia*, c'est-à-dire « découverte », « dévoilement ». Nous l'appellerons révélation.
Le sens* est le même. La vie peut devenir une découverte pour peu que l'on se mette à vivre vraiment en entreprenant un travail* de cohérence avec soi-même et avec la vie en face de soi.
La découverte de la vérité devient alors la vérité de la découverte.

Vertu

La vertu désigne trois choses.
1) La qualité* de quelque chose et plus particulièrement ce qui fait son action et son efficacité. On parlera ainsi de la vertu de telle plante médicinale.

Avec ou sans « s »
On parle de la vertu, mais aussi des vertus. Il n'y a pas là de contradiction. Car, si la vertu désigne la perfection, les vertus désignent toutes les façons possibles d'être parfait. Tant il est vrai que la perfection est tellement riche qu'il y a maintes façons d'être parfait.

2) Le fait pour une chose* d'être conforme à elle-même et donc à sa propre vertu. Ainsi, pour tirer la vertu de quelque chose, encore faut-il faire vertu de celle-ci en la pratiquant. Aristote* a fondé toute son éthique* sur cette définition* active de la vertu.
3) Quand on fait ainsi vertu de la vertu d'une chose, on conduit celle-ci à la perfection d'elle-même et, agissant de la sorte, on en tire toutes les vertus en démultipliant son efficacité. D'où le sens* de la vertu comme perfection au-delà de telle ou telle vertu particulière. Car, en définitive, n'est-ce pas dans l'acte* de tirer le meilleur d'une chose plus que dans la chose elle-même que se trouve la vertu ? La morale* a retenu ce sens de la vertu en définissant celle-ci comme étant la vie* parfaite, et plus concrètement le fait de vivre pour la perfection.

Vie

La vie désigne trois choses.
1) D'abord un concept* biologique. Par rapport à la matière* qui est inanimée, la vie est ce qui, dans la réalité* matérielle, est capable de mouvement. En outre, le vivant possède une individualité qui fait qu'il est capable de mouvement autonome. Enfin, du fait de cette autonomie*, le vivant possède une auto-organisation. Il est un organisme, c'est-à-dire un système* d'organes interdépendants débouchant sur une individualité définie. Le vivant doit son autonomie et son auto-organisation à quatre caractères spécifiques : l'autoréparation, l'autoreproduction, l'autorégulation, l'autoprogrammation.

2) La vie, au-delà d'un phénomène* biologique, renvoie à un phénomène existentiel. On parlera d'un homme vivant afin de désigner un homme s'engageant dans la vie d'une façon sensible en se laissant traverser par la vie et en faisant aussi vivre celle-ci en lui. Si être a le sens* d'avoir de la présence, de refuser l'avoir, au sens de possessions matérielles, et de s'accomplir, vivre a le sens d'aimer, de refuser l'inaction et de s'ouvrir à l'expérience* charnelle de l'existence*.
3) D'où le rapport de la vie à la création*. Bergson* n'a cessé de montrer, tout au long de son œuvre, le lien entre la création et la vie, la vie étant créatrice selon lui de par son aptitude à produire de l'inédit, en rompant ses liens avec tout ce qui est mécanique, répétitif et artificiel. D'où le lien entre la vie et la liberté*.

Violence

La violence désigne un usage excessif ou agressif de la force* physique débouchant sur un rapport de brutalité ou d'inhumanité avec autrui*. Parce que la violence s'enracine dans la force physique, on est souvent tenté de réduire la violence à un instinct en soulignant que les hommes sont violents par Nature*. Ce qui est ambigu. Car réduire la violence à un comportement naturel ne peut qu'aboutir à détruire toute responsabilité* humaine à l'égard de celle-ci, et donc à excuser ceux qui pratiquent la violence. En fait, l'homme s'humanise, comme l'a montré René Girard (né en 1923), non pas parce qu'il pratique la violence, mais parce qu'il refuse celle-ci, et qu'il invente dans la Nature d'autres moyens de s'organiser que ceux qu'il trouve dans la violence.

Hitler et la philosophie
Éric Weil (1904-1972) a dit que c'est Hitler qui lui a fait comprendre l'importance de la philosophie. Car, face à la violence, il y a deux attitudes possibles : la violence ou bien la parole et la pensée.

Ainsi juger la violence, c'est apercevoir qu'il y a en elle une triple transgression. La violence, en effet, qui contient la notion de viol, et donc de transgression, a toujours le caractère d'une transgression du pacte social de non-violence, celui d'une excitation sexuelle perverse, et enfin celui d'une profanation du sacré*. C'est en tout cas ainsi que Platon* nous a appris à la lire, en voyant dans le violent un être tyrannique jouissant sadiquement et cruellement de dominer les autres afin de se prouver par là sa supériorité. Si le marquis de Sade, au XVIIIe siècle, a confirmé l'analyse de Platon en en faisant l'éloge, la psychanalyse*, avec Freud*, a confirmé le diagnostic en l'envisageant comme un symptôme. D'où le fait d'appréhender la violence comme une faiblesse et non comme une force, le fort n'ayant pas besoin de se prouver qu'il est fort contrairement au faible. Cela signifie-t-il que tout recours à la violence dans l'histoire* relève d'un symptôme névrotique ? Nullement, et il convient ici de ne pas mélanger force et violence, ni surtout de confondre tout acte* de défense avec une agression. Les hommes ont le droit* de défendre leur vie*. Ils ont même le devoir* de le faire. Aussi y a-t-il une légitimité de la force publique à travers la police et l'armée, comme il y a une légitimité de la révolte contre le tyran ou l'agresseur. À la différence de l'agression pour qui la violence est un but et non un moyen, la force utilisée par la défense est un moyen et non un but. Aussi finit-elle toujours, et est-ce elle qui, au bout du compte, a le dessus puisqu'elle est la vraie maîtrise de la violence. Certes, les agresseurs dans l'histoire ont toujours cherché à se faire passer pour des victimes et à nier le fait qu'ils agressent. Mais pourquoi s'en inquiéter ? Attend-on qu'un voleur reconnaisse qu'il est un voleur pour l'arrêter ? Non, on l'arrête et on le force à reconnaître qu'il est un voleur. La vérité* face à la violence naît dans la lutte contre la violence et non en dehors d'elle. Et ce parce que la violence est quand même un problème* moral. Elle est même le problème moral, l'homme se posant en s'opposant à la violence. Découvrir qu'il y a un autre moyen de vivre que la violence, c'est, selon René Girard, tout le sens* de l'enseignement du Christ qui a démonté les mécanismes* de persécution selon lesquels les hommes, souvent, font leur unité face à un bouc émissaire chargé de tous les maux.

Visage

Le visage est un concept* central de la pensée* d'Emmanuel Levinas (1905-1995). Si l'homme a une face avec un nez, des yeux, une bouche, il a aussi un visage, c'est-à-dire un caractère irréductible faisant de lui une personne*. L'homme perd son visage quand il est déshumanisé, et en particulier quand il vit de façon barbare en exterminant l'autre. Il acquiert au contraire un visage quand il s'humanise à travers le respect* d'autrui*. Le visage étant ce qui humanise l'homme, on peut dire que la morale* est à l'origine* de celui-ci. Platon* pensait que les idées* forment le réel. Pour Levinas, c'est le visage qui donne forme* au réel humain. Témoin, le langage* qui parle de donner un visage aux choses* afin de leur donner une forme.

Volonté

La volonté désigne trois choses.

1) Une décision intérieure à l'égard de soi afin de se prendre activement en charge en devenant le responsable de sa vie* au lieu de se laisser vivre passivement d'une façon irresponsable.

2) Une capacité de persévérance dans l'action. Alors que le velléitaire qui veut une chose* puis une autre ne sait pas ce qu'il veut et ne fait preuve d'aucune volonté, le volontaire est celui qui choisit une chose et s'y tient fermement.

3) Enfin, la volonté renvoie au volontaire, c'est-à-dire à l'acte* intentionnel par rapport à l'acte involontaire. En nous, tout n'est pas volontaire. Tout n'est pas involontaire. Toute la pertinence d'une réflexion sur la volonté réside dans le fait d'établir la limite entre le volontaire et l'involontaire afin de lutter contre la prétention s'imaginant qu'elle peut décider de tout, et l'irresponsabilité voulant faire croire qu'elle ne décide de rien.

W

WITTGENSTEIN (Ludwig) ▲

Ce logicien britannique d'origine autrichienne est considéré comme le père de la philosophie* analytique* aux côtés de Bertrand Russell*. Toute la pensée* de Wittgenstein (1889-1951) a été une réflexion sur le langage* afin de savoir ce que l'on dit, et surtout afin de laisser une place à l'indicible. D'où un parcours de Wittgenstein marqué par deux étapes.

1) Au commencement de sa réflexion, Wittgenstein élabore une critique* de la métaphysique* et en particulier de la notion d'être*, chargée d'ambiguïté. Wittgenstein arrive ainsi à la conclusion qu'une proposition vraie est une proposition qui peut être ramenée à des éléments simples et vérifiables. Autrement dit, c'est une proposition décrivant des faits* possibles.

2) Dans le deuxième moment de sa réflexion, Wittgenstein infléchit son parcours en montrant que la vérité* ne peut pas se ramener à des éléments simples du fait de la variabilité des contextes dans lesquels s'inscrit le langage. Du fait aussi des multiples jeux* possibles avec le langage. D'où la mise en perspective, par Wittgenstein, des limites du langage et, par là, d'un sens* de l'indicible.

Z

ZÉNON ▲

Zénon d'Élée (Ve siècle av. J.-C.) est, avec Parménide*, le représentant principal du courant de pensée* éléatique (*voir* Éléates*) fondé sur l'affirmation du rôle des idées* abstraites dans la constitution du réel. On doit à Zénon d'Élée la formulation d'un certain nombre de paradoxes* destinés à montrer que le mouvement n'est qu'une illusion*. Ainsi, dans le paradoxe d'Achille et la tortue, Zénon montrera qu'Achille qui court ne rattrapera jamais une tortue qui marche lentement, car, pour la rattraper, il devra effectuer la moitié de la distance le séparant de la tortue, puis la moitié de cette moitié, et ce à l'infini*. Si bien que, au bout du compte, Achille devant parcourir une distance infinie avant de rattraper la tortue qui le précède, ne la rattrapera jamais. De même, une flèche paraît voler. En fait, elle ne vole pas. Car, étant immobile en chacun de ses points, elle est immobile.

Le Cimetière marin

Zénon ! Cruel Zénon.
Zénon d'Élée.
M'as-tu percé
de cette flèche ailée
Qui vibre, vole
et ne vole pas !
Le son m'enfante
et la flèche me tue !
Ah ! le soleil…
Quelle ombre de tortue
Pour l'âme,
Achille immobile
à grands pas !
Paul Valéry
(1871-1945),
Le Cimetière marin.

Zénon, par ses paradoxes, a voulu montrer que l'être* qui ne change pas précède toujours ce qui change. Ainsi, le temps* qui change ne change pas puisque, en changeant, tout change en lui sauf le changement. Si Zénon a raison du point de vue du concept*, du point de vue des faits*, bien sûr, il a tort. Leibniz* sera reconnaissant à Zénon d'avoir montré que l'infini est compris dans le fini alors que l'on pense souvent qu'il est au-delà de celui-ci. D'où la possibilité de montrer que chaque point de vue de l'univers reflète l'univers entier. Bergson*, en revanche, montrera que Zénon pose un faux problème* en traitant un problème d'accélération comme un problème d'espace*. Il verra dans Zénon la chute originelle de la pensée* occidentale, celle-ci ayant, dès le départ, nié le temps et spatialisé le monde* afin de le maîtriser techniquement.

BIBLIOGRAPHIE

Pour commencer

HERSCH (Jeanne), *L'Étonnement philosophique*, Gallimard, 1993.

JASPERS (Karl), *Introduction à la philosophie*, coll. « 10-18 », Christian Bourgois, 1965.

Pour travailler

BOILOT (Hervé), *25 mots clés de la philosophie*, Marabout 1995.

EDMOND (Michel Pierre), *Philosophie politique*, Masson, 1972.

GRENIER (Hubert), *La Connaissance philosophique*, Masson 1973.

JAFFRO (Laurent), LABRUNE (Monique), *Gradus philosophique*, Garnier-Flammarion, 1995.

KAMBOUCHNER (Denis), *Notions de philosophie*, 3 vol., Gallimard, 1995.

MORICHÈRE (Bernard), *Philosophes et Philosophies*, 2 vol., Nathan, 1992.

Sur la philosophie antique

BRUNSCHWIG (Jacques), LLOYD (Geoffrey), *Le Savoir grec*, Flammarion, 1996.

HADOT (Pierre), *Qu'est-ce que la philosophie antique ?*, Gallimard, 1995.

VERNANT (Jean-Pierre), *Les Origines de la pensée grecque*, PUF, 1981.

VERNANT (Jean-Pierre), *Mythe et Pensée chez les Grecs*, 2 vol., Maspero, 1974.

Sur la philosophie du Moyen Âge

BRÉHIER (Émile), *La Philosophie du Moyen Âge*, Albin Michel 1971.

DE LIBERA (Alain), *La Philosophie médiévale*, coll. « Que sais-je ? », PUF, 1989.

DE LIBERA (Alain), *Penser au Moyen Âge*, Seuil, 1991.

DE LIBERA (Alain), *La Querelle des universaux*, Seuil, 1996.

GILSON (Étienne), *L'Esprit de la philosophie médiévale*, Vrin, 1969.

GILSON (Étienne), *La Philosophie au Moyen Âge*, Payot, 1993.

Sur la pensée de la Renaissance

CASSIRER (Ernst), *Individu et Cosmos à la Renaissance*, Minuit, 1983.

CONCHE (Marcel), *Montaigne et la Philosophie*, Éditions de Mégare, 1987.

KOYRÉ (Alexandre), *Du monde clos à l'univers infini*, Gallimard, 1973.

Sur la philosophie moderne

BRÉHIER (Émile), *Histoire de la philosophie*, PUF, 1985.

CASSIRER (Ernst), *Le Problème de la connaissance*, tome II, *Les Systèmes postkantiens*, Presses universitaires de Lille, 1983.

CASSIRER (Ernst), *La Philosophie des Lumières*, Fayard, 1986.
FOUCAULT (Michel), *Les Mots et les Choses*, Gallimard, 1986.

Sur la pensée du XXe siècle

CHÂTELET (François), *Histoire de la philosophie*, Hachette, 1973.
DESCOMBES (Vincent), *Le Même et l'Autre*, Minuit, 1979.
RUSS (Jacqueline), *La Marche des idées contemporaines*, Armand Colin, 1994.

Quelques textes

ALAIN, *Propos sur le bonheur*, Gallimard,1985.
ALAIN, *Propos sur le pouvoir*, Gallimard, 1985.
ALQUIÈ (Ferdinand), *Le Désir d'éternité*, PUF, 1983.
BACHELARD (Gaston), *La Formation de l'esprit scientifique*, Vrin, 1972.
BATTISTINI (Yves), *Trois présocratiques*, Gallimard, 1988.
BOÈCE, *Consolation de la philosophie*, Rivages, 1984.
COMTE-SPONVILLE (André), *Petit traité des grandes vertus*, PUF, 1995.
COMTE-SPONVILLE (André), FERRY (Luc), *La Sagesse des modernes*, Laffont, 1998.
DELEUZE (Gilles), *Le Bergsonisme*, PUF, 1994.
DESCARTES, *Discours de la méthode*, Nathan, 1981.
ÉPICTÈTE, *Manuel*, Garnier-Flammarion, 1987.
ÉPICURE, *Lettres*, Nathan, 1982.
HEIDEGGER (Martin), *Introduction à la métaphysique*, Gallimard, 1985.
JANKÉLÉVITCH (Vladimir), *Quelque part dans l'inachevé*, Gallimard, 1980.
KANT (Emmanuel), *Préface à la II*[e] *édition de la Critique de la raison pure*, Nathan 1982.
LEVINAS (Emmanuel), *Totalité et Infini*, coll. « Livre de Poche », Hachette, 1995.
MERLEAU-PONTY (Maurice), *Phénoménologie de la perception*, Gallimard, 1976.
NIETZSCHE (Friedrich), *La Naissance de la philosophie à l'époque de la tragédie*, Gallimard, 1969.
PASCAL (Blaise), *Pensées*, Seuil,1962.
PLATON, *Apologie de Socrate, Phédon, Le Banquet*, Garnier-Flammarion, 1965.
RENAUT (Alain), *L'Ère de l'individu : contribution à une histoire de la subjectivité*, Gallimard, 1989.
RICŒUR (Paul), *Philosophie de la volonté*, Aubier, 1973.
SARTRE (Jean-Paul), *L'existentialisme est un humanisme*, Gallimard, 1996.
SERRES (Michel), *Hermès*, 5 vol., Minuit, 1969-1981.

INDEX (INTELLIGENT)

Pour chaque entrée repérée en bleu, le chiffre renvoie directement à la page où est défini le mot. Un ou plusieurs renvois complémentaires et facultatifs, indiqués par « *voir aussi* », dirigent le lecteur vers un autre mot lié au concept en question.

A

B

Dans la collection *Les Dicos Essentiels Milan*

Dans la collection *Les Essentiels Milan*

Responsable éditorial
Bernard Garaude
Directeur de collection – Édition
Dominique Auzel
Secrétariat d'édition
Anne Vila
Correction – révision
Didier Mounié
Iconographie
Sandrine Batlle
Conception graphique– Couverture
Bruno Douin
Illustrations
Jean-Claude Pertuzé
Maquette - Infographies
Isocèle
Fabrication
Isabelle Gaudon
Sandrine Sauber-Bigot

Crédit photos
D. Chauvet : p. 4.

Aubin Imprimeur, 86240 Ligugé.
D.L. octobre 1998. - Impr. P 57170

Les erreurs ou omissions involontaires qui auraient pu subsister dans cet ouvrage malgré les soins et les contrôles de l'équipe de rédaction ne sauraient engager la responsabilité de l'éditeur.